Brian Fleming
Ministry of Education
Ministry of Training, Colleges & Universities
900 Bay St. 13th Floor, Mowat Block
Toronto, ON M7A 1L2

Éduquer à la citoyenneté à l'école

GUIDE PÉDAGOGIQUE

ABDELLAH MARZOUK,
JOHN KABANO
et
PAULINE CÔTÉ

Éduquer à la citoyenneté à l'école

GUIDE PÉDAGOGIQUE

Les Éditions
LOGIQUES

LOGIQUES est une maison d'édition reconnue par les organismes d'État responsables de la culture et des communications.

Nous remercions le Conseil des Arts du Canada et la Société de développement culturel du Québec pour leur appui à notre programme de publication.

Nous reconnaissons l'aide financière du gouvernement du Canada par l'entremise du Programme d'aide au développement de l'industrie de l'édition (PADIÉ) pour nos activités d'édition.

Révision linguistique: Monique Thouin
Mise en pages: Christine McLean
Graphisme de la couverture: Christian Campana

Distribution au Canada:

Québec-Livres, 2185, autoroute des Laurentides, Laval (Québec) H7S 1Z6
Téléphone: (450) 687-1210, 1 800 251-1210 • Télécopieur: (450) 687-1331

Distribution en France:

Casteilla/Chiron, 10, rue Léon-Foucault
78184 Saint-Quentin-en-Yvelynes
Téléphone: (33) 01 30 14 90 30 • Télécopieur: (33) 01 34 60 31 32

Distribution en Belgique:

Diffusion Vander, avenue des Volontaires, 321, B-1150 Bruxelles
Téléphone: (32-2) 762-9804 • Télécopieur: (32-2) 762-0662

Distribution en Suisse:

Diffusion Transat s.a., route des Jeunes, 4 ter, C.P. 1210, 1211 Genève 26
Téléphone: (022) 342-7740 • Télécopieur: (022) 343-4646

Les Éditions LOGIQUES
7, chemin Bates, Outremont (Québec) H2V 1A6
Téléphone: (514) 270-0208 • Télécopieur: (514) 270-3515

Reproduction interdite sans l'autorisation de l'éditeur. Toute représentation ou reproduction intégrale ou partielle, faite sans le consentement de l'éditeur, est illicite. Cette représentation ou reproduction illicite, par quelque procédé que ce soit, constituerait une confrefaçon sanctionnée par la *Loi sur les droits d'auteur.*

ÉDUQUER À LA CITOYENNETÉ À L'ÉCOLE. Guide pédagogique

© Les Éditions LOGIQUES inc., 2000
Dépôt légal: premier trimestre 2000
Bibliothèque nationale du Québec
Bibliothèque nationale du Canada

ISBN 2-89381-677-0
LX-787

Remerciements

Plusieurs personnes nous ont aidés à réaliser ce guide. Nous remercions principalement M. Luc Paquette du ministère du Patrimoine canadien, pour sa participation dynamique à la réalisation de ce projet ainsi que pour ses précieux conseils. Notre gratitude va aussi à Mmes Chantale Beaucher et Hélène-Pascale Lemieux, pour leur collaboration à la construction des activités d'apprentissage présentées dans ce guide.

Nos remerciements vont également au ministère du Patrimoine canadien, qui a subventionné la présente recherche, ainsi qu'à M. Carol Saucier, doyen des études avancées et de la recherche à l'UQAR, pour l'aide financière accordée à la publication et à la diffusion de cette recherche.

Nous remercions Mme Yvonne Hébert, professeure à la faculté d'éducation de l'Université de Calgary, pour ses judicieux conseils et pour avoir écrit la préface de ce guide, ainsi que Mme Marjolaine Bernier-Dumais et MM. Martin Gauthier et Michel Santerre pour leurs précieux commentaires. Enfin, nous remercions Mme Denyse Saint-Pierre, dont nous avons particulièrement apprécié la révision du document.

Sommaire

Remerciements................................. 7
Préface.. 13
Introduction................................... 17

Chapitre 1 **La position du problème**............. 23
Les facteurs responsables....................... 23
La nature du problème.......................... 24

Chapitre 2 **La citoyenneté,
un concept multidimensionnel**......... 27

Chapitre 3 **L'école et la formation de
la citoyenne et du citoyen**............. 33
L'école et l'éducation à la citoyenneté................. 33
Les finalités de l'éducation à la citoyenneté............ 36
Les conditions de réussite de l'éducation
à la citoyenneté................................ 39

Chapitre 4 **L'apprentissage de la citoyenneté**...... 41
Rappel de quelques théories sur l'apprentissage........ 41
   La définition de l'apprentissage................... 41
   L'apprentissage défini comme processus
   et comme résultat............................. 41
   L'apprentissage comme phénomène individuel...... 41
   Les différences individuelles et l'apprentissage...... 45
Le cadre théorique de l'apprentissage de la citoyenneté.. 48
   L'apprentissage et la situation didactique........... 49
   L'apprentissage et la transformation
   du système de pensée......................... 50
   Le rôle de l'élève dans l'apprentissage
   de la citoyenneté.............................. 51

Chapitre 5 **L'application pédagogique**............. 57
Les stratégies pédagogiques....................... 58
   La technique d'évocation des
      représentations sociales...................... 58
      Le but d'ordre pédagogique 60
      L'accès à la parole 61
   La pédagogie de la coopération................. 62
   Quelques formules pédagogiques 66
La démarche pédagogique proposée pour l'éducation
   à la citoyenneté................................ 67
Les thèmes et les activités de l'éducation
   à la citoyenneté................................ 69
   Thème 1 – La connaissance de la
          diversité sociale..................... 72
      Objectifs généraux du thème 73
      Différents sous-thèmes 74
      Suggestions d'un sous-thème d'activités:
        la diversité ethnoculturelle 74
   Thème 2 – L'égalité dans la diversité............... 78
      Objectifs généraux du thème 79
      Différents sous-thèmes 80
      Suggestion d'un sous-thème d'activités:
        l'égalité 80
   Thème 3 – Les droits et les libertés fondamentales
          de la personne 86
      Objectifs généraux du thème 88
      Différents sous-thèmes 89
      Suggestion d'un sous-thème d'activités:
        la liberté 89
   Thème 4 – La démocratie participative............. 94
      Objectifs généraux du thème 96
      Différents sous-thèmes 97
      Suggestion d'un sous-thème d'activités:
        la participation politique.................. 97
   Thème 5 – Les valeurs civiques.................... 103
      Objectifs généraux du thème 103
      Différents sous-thèmes 104

Suggestion d'un sous-thème d'activités :
le respect de l'environnement............... 104
Suggestion d'un sous-thème d'activités :
la justice............................... 109

Conclusion 117

Références 121

Liste des tableaux

Tableau 1 Les mandats assignés à l'école
par la politique éducative............... 35
Tableau 2 Les habiletés à développer 38
Tableau 3 Tableau synoptique de la démarche
pédagogique proposée 59
Tableau 4 Le travail coopératif et les objectifs de
l'éducation à la citoyenneté............. 65

Liste des figures

Figure 1 Les dimensions de la citoyenneté........... 28
Figure 2 Le processus d'acquisition
des connaissances 50
Figure 3 La représentation des savoirs empilés
les uns sur les autres 50
Figure 4 Le réseau conceptuel de l'éducation
à la citoyenneté 54
Figure 5 Les effets escomptés des
méthodes proposées 67

Préface

Lorsqu'un pays est en voie de transformation, l'éducation à la citoyenneté prend une signification particulière. Marqué par la migration internationale, la globalisation, la différenciation sociale, les changements de valeurs, entre autres grandes tendances sociales, ce moment de notre histoire contemporaine ne fait pas exception. Dans ce contexte, le développement de matériel pédagogique à la hauteur de la tâche complexe qu'est l'éducation à la citoyenneté est d'une grande importance. Ce guide pédagogique répond très bien au défi car il est à la fois global, complet et innovateur. Fondé sur l'apprentissage et sur une pédagogie de la coopération, il accompagne le document d'orientation *École, Éducation à la citoyenneté et Diversité culturelle*. Écrits d'un style limpide et clair, ces deux documents, l'un d'orientation et l'autre de pratiques pédagogiques à mettre en application, représentent tout à fait correctement les connaissances contemporaines de la citoyenneté et du rôle de l'école.

Facile à utiliser, ce guide offre un modèle pédagogique à suivre et propose des thèmes et des activités novateurs et facilement adaptables par les enseignantes et les enseignants, quels que soient le niveau et la situation d'enseignement. Tous les thèmes fondamentaux de l'éducation à la citoyenneté sont inclus: la connaissance de la diversité sociale, l'égalité dans la diversité, les droits et les libertés fondamentales de la personne, la démocratie participative, les valeurs civiques ainsi que l'appartenance à une communauté politique. De nouveaux sous-thèmes sont inclus, tels le respect et la protection de l'environnement, la diversité culturelle et la participation civique, allant ainsi au delà de la démocratie parlementaire qui se trouve traditionnellement au cœur des programmes d'études. L'utilisation de ce guide permettra aux enseignantes et aux enseignants de développer des projets éducatifs avec des possibilités d'approfondissement et d'ancrage susceptibles d'intéresser les apprenantes et les apprenants, de les sensibiliser et de contribuer à leur savoir et à leur savoir-faire en tant que membres de la Cité, c'est-à-dire en tant que citoyennes et citoyens du pays.

Quatre grands principes sont à la base de ce guide pédagogique: la cohésion des droits humains et des responsabilités en démocratie; le respect et l'acceptation de la diversité; le fondement dialectique et participatif de la formation d'une identité collective; la prise de conscience et la compétence culturelle. Les utilisatrices et les utilisateurs sont appelés à connaître les droits humains et les responsabilités, à les exercer et à les équilibrer. En effet, l'accent a souvent été mis sur les droits humains, ce qui a relégué au second plan les responsabilités, mais ce guide veut maintenant les intégrer d'une façon équilibrée dans l'exercice des droits humains en démocratie. Le respect de soi et des autres, l'application des concepts de la citoyenneté dans le contexte de l'interculturalité font partie intégrale du document. L'appartenance à une collectivité politique et identitaire, québécoise et canadienne, complète le volume.

Présentement, il n'existe aucun autre document pédagogique de langue française qui rencontre le défi de l'heure, qui réponde aux besoins des enseignantes et des enseignants, et qui soit d'une aussi grande qualité. Nous souhaitons que la publication de ce guide permette aux enseignantes et aux enseignants de combler le grand besoin d'éducation à la citoyenneté d'une population en voie de transformation afin d'assurer le bien-être personnel et collectif des citoyennes et des citoyens.

Yvonne Hébert, Ph.D.
Université de Calgary

Introduction

De plus en plus, on parle d'éducation à la citoyenneté. Dans de nombreux pays, des réformes du curriculum ont déjà été effectuées ou seraient en voie de l'être pour y inclure l'éducation à la citoyenneté, qui, depuis un certain nombre d'années, aurait pris l'allure d'une préoccupation internationale ou d'un concept nouveau dans le domaine de l'éducation. Cependant, l'éducation à la citoyenneté ne serait pas un phénomène de la fin du XXe siècle. En effet, selon Hébert (1997), le débat sur la citoyenneté a une longue histoire au cours de laquelle le concept de citoyenneté s'est beaucoup développé.

L'engouement actuel pour l'éducation à la citoyenneté s'expliquerait par l'existence de problèmes nouveaux liés aux mutations sociales de notre temps qui entravent, de façon importante, l'exercice d'une citoyenneté active et responsable. Ces problèmes se manifesteraient sous forme de racisme, d'exclusion de certains groupes sociaux, de crispations identitaires, de perte d'autonomie par les citoyens et de manque de repères communs. L'éducation à la citoyenneté à l'école s'attaque à ces problèmes et veut donner aux élèves des outils pertinents pour y faire face, pour s'adapter aux changements actuels et contribuer à l'édification d'une société de paix où chacun se sentira chez soi. L'éducation à la citoyenneté à l'école, comme le considère le Groupe de travail sur la réforme du curriculum (Gouvernement du Québec, 1997), serait vue comme un facteur de cohésion sociale, d'intégration sociale de toutes les communautés culturelles constitutives de la société. Dans ce but, l'école serait appelée à transmettre aux élèves des valeurs communes qui transcendent leurs particularismes individuels ou ceux de leurs groupes d'appartenance. Il s'agit là des valeurs fondamentales négociées, partagées et devant être valorisées par tous. Ce sont ces valeurs qui, dans une société pluraliste, permettent de fonder une société à égalité des droits et qui contribuent à la paix sociale. La promotion de valeurs communes, dans le sens de ce guide, ne constitue nullement une tentative d'homogénéisation sociale, mais la mise en valeur d'une vision de la société qui accepte la diversité comme inhérente aux sociétés modernes pluralistes et démocratiques. La cohésion sociale renverrait dès lors à l'image d'une société différenciée, constituée d'éléments divers mais qui se tiennent ensemble et qui fonctionnent en harmonie. Bref, la recherche d'une cohésion sociale par la promotion de la citoyenneté ne serait pas synonyme d'homogénéisation psychologique des individus et des groupes, mais d'un projet de partage de valeurs sur lesquelles des groupes différents peuvent construire une société démocratique respectueuse des droits et libertés de la personne et où la paix prévaut.

Depuis octobre 1996, notre équipe de recherche tente de développer des outils susceptibles de faciliter l'apprentissage de la citoyenneté par les élèves. À cette fin, nous avons entrepris un certain nombre de travaux.

Nous avons d'abord produit un document d'orientation intitulé *École, Éducation à la citoyenneté et Diversité culturelle* dans lequel sont définis:

❑ le concept de citoyenneté;

❑ les problèmes généraux qui se posent dans le cadre de la citoyenneté;

❑ le rôle de l'école dans l'éducation à la citoyenneté;

❏ les moyens pédagogiques jugés pertinents pour éduquer à la citoyenneté et pour la promouvoir auprès des élèves.

Ensuite, dans le but d'explorer davantage le concept de citoyenneté et d'éducation à la citoyenneté, nous avons organisé une journée de réflexion avec une quinzaine de personnes provenant de divers milieux: scolaire, municipal, du travail social, communautaire et universitaire. Au cours de la rencontre, les participantes et les participants ont échangé sur les valeurs à enseigner aux élèves à l'école afin qu'ils puissent construire ensemble une citoyenneté active, responsable et consciente. Elles et ils ont également formulé des objectifs d'apprentissage de la citoyenneté et proposé quelques activités pour aider l'enseignante et l'enseignant ayant pour tâche d'éduquer les élèves à la citoyenneté.

Organisé selon les principes de la pédagogie de la coopération, le travail d'échange et de réflexion a permis de dégager un certain consensus sur:

❏ les valeurs à enseigner aux élèves;

❏ les habiletés à développer;

❏ les activités à proposer aux jeunes.

Enfin, nous avons organisé un colloque *L'Éducation à la citoyenneté à l'école pour mieux vivre ensemble* dont l'objectif était de créer un lieu d'échanges, de réflexion et de partage d'expériences entre professionnels de l'éducation et de la formation ayant à cœur l'éducation des jeunes à la citoyenneté.

Le présent guide se fonde sur les informations recueillies ici et là dans ces diverses activités réalisées par l'équipe de recherche. C'est un outil offert à l'enseignante et à l'enseignant qui a pour tâche l'éducation à la citoyenneté. Il propose les finalités de l'éducation à la citoyenneté, les habiletés à développer, les stratégies pédagogiques et les activités reliées aux habiletés.

Le guide propose également des modalités d'applications pédagogiques pertinentes à l'éducation à la citoyenneté:

❏ recourir à la pédagogie active faisant appel à l'apprenante et à l'apprenant;

❏ planifier l'enseignement en fonction des conceptions qu'ont les apprenantes et les apprenants des objets d'étude et viser leur transformation;

❏ concevoir l'apprentissage de la citoyenneté comme une démarche dialectique et participative.

Cette pédagogie permet aux élèves de s'exprimer, d'argumenter, de justifier leurs positions conceptuelles mais aussi à l'enseignante ou à l'enseignant de pouvoir intervenir sur le niveau actualisé des connaissances des élèves. Aussi, nous recommandons fortement aux enseignantes et aux enseignants d'utiliser la pédagogie de la coopération pour former le sens de la responsabilité chez les élèves et favoriser la découverte et la compréhension mutuelles par le travail en groupes coopératifs.

Aussi, la démarche pédagogique proposée dans ce guide pourra être utilisée ou adaptée à tous les ordres d'enseignement (primaire et secondaire). La seule différence résidera dans le choix des activités, car celles-ci devraient être reliées aux connaissances des élèves pour qu'il y ait apprentissage et intégration cognitive.

Les enseignantes et les enseignants trouveront aussi, à la fin de ce guide, un certain nombre d'activités qui pourraient être réalisées dans une salle de classe. Ces activités ont été construites dans le seul but d'illustrer la démarche pédagogique que l'on propose: elles ne couvrent pas toutes les dimensions de l'éducation à la citoyenneté. Toutes les activités sont bâties selon un même schéma:

❏ identification de la connaissance des élèves de la notion de citoyenneté à l'étude;

❏ intervention pédagogique de l'enseignante ou de l'enseignant en vue de transformer, chez les élèves, la manière de se représenter la notion de citoyenneté;

❏ ancrage des connaissances acquises dans une réalité concrète.

Enfin, pour chacune des activités proposées, nous mentionnons le niveau d'enseignement qui serait le plus approprié. Ainsi, on trouvera dans le guide des activités d'illustration pour le primaire et le secondaire. Pour déterminer le niveau d'enseignement, nous avons particulièrement tenu compte des connaissances des élèves en géographie, en histoire et en morale.

Chapitre 1

La position du problème

Les facteurs responsables

Différents facteurs sont à l'origine de l'intérêt pour l'éducation à la citoyenneté. Tout d'abord la diversité sociale croissante et de plus en plus complexe qui rend le sentiment d'appartenance, d'identification et de cohabitation des différents groupes sociaux plus difficile. Cette diversité se manifeste par l'existence de multiples cultures, langues, religions, ethnies, statuts socioéconomiques, etc. Ensuite, l'interdépendance planétaire, accélérée par la globalisation des échanges et le développement rapide des moyens de communication, qui tendent à faire disparaître les frontières traditionnelles et la souveraineté des États-Nations. Enfin, l'omniprésence des médias, qui exercent une influence considérable sur la vie et les décisions quotidiennes des citoyennes et des citoyens. On constate aussi, comme l'indique Hébert (1997), des tensions idéologiques entre les partis politiques au pouvoir, la montée des régionalismes et des nationalismes, des débats entourant les questions de justice sociale, de qualité et d'égalité en éducation, les mouvements nationaux et internationaux de populations et, enfin, l'accroissement des minorités visibles.

Ces événements imposent à l'école une adaptation rapide dans le but d'offrir aux élèves les outils nécessaires pour pouvoir se situer dans cet environnement en continuelle mutation. Ils exigent particulièrement:

❏ que l'école se préoccupe des questions liées à la compréhension interculturelle, au pluralisme religieux, ethnique, linguistique ou des modes de vie;

❏ que l'école forme à la liberté de pensée, au jugement, à l'esprit critique, à l'argumentation, à l'imagination et à l'innovation pour permettre aux élèves de s'épanouir, de demeurer maîtres de leur destin et de participer aux progrès de leur communauté.

La nature du problème

De nombreux facteurs affectent de diverses façons l'exercice de la citoyenneté active et responsable (Kymlicka, 1992; Audigier, 1992). Entre autres, on note 1) la crise du rapport à la Cité; 2) le désengagement des citoyens de la chose publique; 3) les problèmes d'exclusion; 4) la perte d'autonomie et la dépendance vis-à-vis de l'État.

En ce qui concerne la crise du rapport à la Cité, maints analystes indiquent que la citoyenne ou le citoyen ne s'identifie plus à sa communauté; qu'elle ou il ne reconnaît plus sa société. Selon le Bureau international de l'éducation (BIE) (1995), les gens éprouvent de plus en plus de difficultés à s'identifier à leur collectivité. Le BIE impute ces difficultés aux mutations sociales, économiques, technologiques et administratives que connaît notre époque et auxquelles les gens sont souvent mal préparés. À ces mutations s'ajoutent la mobilité croissante des individus et la diversité ethnique résultant des mouvements migratoires. Tous ces facteurs font que les gens ne reconnaissent plus leur société, éprouvent des difficultés à s'y adapter et à se trouver des repères communs.

Par ailleurs, les citoyens se désintéressent de la gouverne politique; les dirigeants et les institutions sont critiqués et parfois contestés, écrit Audigier (1992). Il y a perte de confiance envers les dirigeantes et les dirigeants, ce qui rend difficile la gestion des affaires de l'État. La démocratie élective n'est plus considérée par bon nombre d'analystes comme une démocratie ouverte et plurielle, reflétant la diversité sociale des sociétés modernes. La participation démocratique aux débats et aux assemblées des citoyennes et des citoyens tend à être négligée alors que ces débats, dans une société pluraliste, sont réputés être des sources de consensus, de compromis sur des valeurs et des projets d'intérêt commun.

Aussi, l'on constate la crise des relations entre les citoyennes et citoyens, qui se manifeste par de la discrimination causée par des stéréotypes et des préjugés sociaux et historiques, le racisme, l'intolérance, l'exclusion de certains groupes sociaux à cause de leurs différences culturelles, religieuses, biologiques, sociales ou économiques et par la sous-représentation des groupes minoritaires et des femmes dans les instances décisionnelles.

Enfin, l'on constate une perte d'autonomie des individus et leur dépendance vis-à-vis de l'État, qui se traduit par la baisse de la solidarité et de la coopération entre les individus et le recours constant à l'appareil étatique pour résoudre les problèmes quotidiens.

Ces problèmes empêchent les individus et les groupes d'exercer leur citoyenneté pleine et entière, d'appartenir et de s'identifier à la communauté. La promotion de la citoyenneté par l'éducation formelle ou non formelle devrait donc se préoccuper de la recherche de solutions à ces problèmes afin de permettre aux individus et aux groupes de construire ensemble une identité commune, de participer au choix et à la réalisation de projets d'intérêt collectif dans un cadre démocratique et pluraliste où l'égalité des droits et des chances est garantie à chacun.

Chapitre 2

La citoyenneté, un concept multidimensionnel

Dans le cadre du projet *École, éducation à la citoyenneté et diversité culturelle*, nous avons élaboré un document d'orientation qui définit le concept de citoyenneté et indique les problèmes que pose sa pratique. On y trouve également établis le rôle et la place de l'école dans l'éducation à la citoyenneté, les buts et les objectifs d'apprentissage, les contenus et les orientations pédagogiques pertinentes. Ce travail était essentiel dans la mesure où la plupart des travaux actuels font peu mention de ce qu'ils entendent par la notion de citoyenneté. Or, comme nous l'avons mentionné dans le document d'orientation, cette notion reste vide de sens si l'on ne définit pas son contenu. Cette contrainte nous a amenés à définir le concept de citoyenneté. La figure 1 tente d'illustrer le réseau notionnel de ce concept.

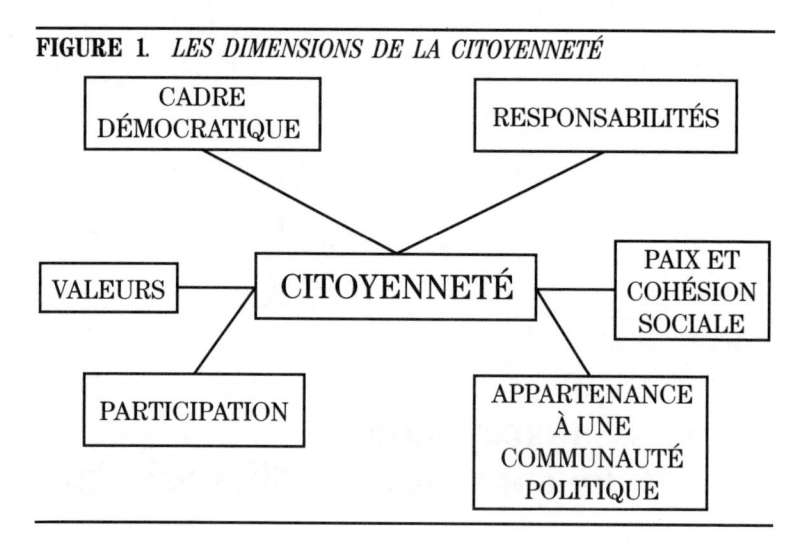

FIGURE 1. *LES DIMENSIONS DE LA CITOYENNETÉ*

```
   CADRE
DÉMOCRATIQUE           RESPONSABILITÉS


                                    PAIX ET
VALEURS      CITOYENNETÉ            COHÉSION
                                    SOCIALE

                        APPARTENANCE
  PARTICIPATION           À UNE
                        COMMUNAUTÉ
                         POLITIQUE
```

Selon ce graphique, la citoyenneté se définirait par six dimensions majeures relativement égales en importance. La citoyenneté renverrait:

❏ à un cadre démocratique où les droits humains (droits civils, politiques, sociaux, économiques et culturels) sont respectés et où existent, entre autres, des institutions et des instruments politiques et juridiques pour les garantir;

❏ à des responsabilités civiles, politiques, économiques et sociales qui ne sont que des obligations de la citoyenne ou du citoyen envers sa communauté d'appartenance;

❏ à la participation de chaque citoyenne et citoyen au façonnement de sa communauté à travers divers contextes d'implication sociale et politique;

❏ à l'appartenance à une communauté politique large ou petite à laquelle chaque citoyenne ou citoyen s'identifie et dans laquelle elle ou il s'engage et

partage, avec les autres membres, les finalités poursuivies par cette même communauté;
- à des valeurs communes privilégiées par la communauté dans laquelle les citoyennes et les citoyens évoluent;
- à une situation de paix où la résolution pacifique des conflits est valorisée et la violence évacuée.

Ces dimensions formeraient un tout indivisible: la citoyenneté. Ainsi, les droits humains n'auraient aucun sens s'ils n'étaient pas rattachés à la communauté, qui les confère et les garantit. Sans les droits, notamment le droit à l'égalité et à la liberté, les citoyennes et les citoyens ne pourraient pas participer, assumer leurs responsabilités ou s'identifier aux valeurs de leur communauté et les partager. L'ajout de la dimension «valeurs» revêt une importance cruciale dans le prolongement de la notion de citoyenne ou citoyen et de citoyenneté. Cette dimension traduit l'idée que la citoyenneté est un mode de vie et qu'une citoyenne ou un citoyen serait celle ou celui qui se conduit d'une façon conforme aux valeurs privilégiées par sa communauté d'appartenance.

Enfin, la paix, comme dimension essentielle de la citoyenneté, sera considérée dans ce guide comme le résultat du processus d'apprentissage et d'application concrète des valeurs contenues dans les autres dimensions de la citoyenneté. La paix renverrait ainsi à une situation définie par l'absence de violence physique, psychologique (rejet, indifférence, racisme, intolérance, etc.) ou linguistique (mots stéréotypants, injures ou insultes). La paix comme contraire à la violence ne serait cependant pas considérée comme absence de conflits. Le conflit est caractéristique des interactions humaines ayant cours dans une société moderne, démocratique et pluraliste, au cours desquelles des citoyennes et des citoyens aux intérêts contraires se rencontrent et communiquent sur les événements ayant une incidence sur leur développement. La paix ne serait donc pas l'absence de conflits mais le résultat d'un processus de résolution pacifique de ces conflits par le dialogue et l'entente mutuelle. Le dialogue, indique Miguelez (1997), serait même la forme essentielle pour la résolution des conflits, pour l'éducation pour la paix, car, par le dialogue, on apprend:

❏ à écouter, c'est-à-dire à accepter les préférences, les opinions et les intérêts d'autrui ainsi que sa capacité de réflexion;

❏ à donner une réponse à autrui en tenant compte de sa réflexion, des arguments exprimés et des positions prises eu égard à ses intérêts;

❏ à utiliser la raison, mais aussi, préalablement, à se donner la volonté de l'utiliser.

La paix, poursuit Miguelez, ne pourrait se faire que par un vrai dialogue qui suppose l'instauration d'un contexte social et institutionnel en créant les conditions appropriées, c'est-à-dire où l'échange des idées est valorisé et l'inégalité refusée. Le dialogue permettrait ainsi aux citoyennes et aux citoyens de résoudre leurs conflits en recherchant le consensus, sinon le compromis, et, à la limite, de découvrir leurs différences et d'apprendre à les respecter. Dans cette perspective, le dialogue devient, en permettant la découverte d'autrui, la reconnaissance et l'acceptation de ses différences, la coopération entre des intérêts opposés, un outil essentiel pour la paix.

En résumé, ce guide prend appui sur six dimensions de la citoyenneté, qui se présente comme un tout indivisible dont les parties ne sauraient être négociées. La citoyenneté, c'est avoir des droits et des institutions les garantissant, assumer ses responsabilités collectives, participer dans tout processus qui a une incidence sur la vie en société, appartenir à une communauté politique et se comporter d'une certaine façon conforme aux valeurs promues par la communauté. Enfin, c'est l'application concrète de ces éléments qui crée les conditions d'une paix sociale durable, d'une société dans laquelle des individus et des groupes différents tiennent ensemble, fonctionnent en harmonie.

Chapitre 3

L'école et la formation de la citoyenne et du citoyen

Par suite des mutations actuelles (diversité sociale croissante, évolution technologique rapide et complexe, prise de conscience de l'importance de sauvegarder l'environnement et de protéger les droits et les libertés fondamentales de la personne, globalisation des échanges et interdépendance planétaire, entre autres), l'école devient le lieu privilégié pour l'adaptation des élèves aux changements. Elle doit leur donner les outils nécessaires (intellectuels, sociaux et professionnels) pour qu'ils puissent y faire face et s'épanouir pleinement.

L'école et l'éducation à la citoyenneté

L'école demeure une institution indispensable. Elle conditionne l'insertion sociale et professionnelle, elle participe à l'éveil des consciences et à la formation de la personnalité, elle met l'élève en contact avec des savoirs organisés. Lieu de vie, elle est l'instrument de l'intégration des individus dans une communauté de citoyennes et de citoyens.

Dans sa nouvelle formulation, l'*Énoncé de politique éducative (1997)* du Gouvernement du Québec indique que:

> D'abord, dans une société où les savoirs occupent et occuperont une place centrale, tous les élèves doivent accéder à la maîtrise des savoirs essentiels, et même de savoirs complexes, mais en premier lieu la maîtrise des savoirs élémentaires et cela au moment approprié. Ensuite, les élèves doivent se préparer à l'exercice d'une citoyenneté responsable, qui se construit par la transmission et le partage de valeurs communes. Enfin, les élèves doivent être sensibilisés aux défis mondiaux qui ont des répercussions dans toutes les sociétés, en acquérant progressivement des capacités de réfléchir et d'agir qui transcendent les modes ou les intérêts individuels (p. 3).

Ces conditions doivent être réunies et le contenu des cours, les infrastructures pédagogiques et l'organisation scolaire doivent y contribuer. L'éducation à la citoyenneté, telle que définie dans la politique éducative, requiert une extension plus large: elle découle à la fois d'interventions directes et de compétences transversales.

Selon l'*Énoncé de politique éducative*, l'école doit instruire, socialiser et qualifier (voir tableau 1). Enfin, dans la réalisation de ces mandats, elle collabore avec d'autres partenaires[1], particulièrement la famille qui

---

1. L'école devrait collaborer avec toutes les organisations qui exercent une influence sur la formation des jeunes afin d'éviter interférences et contradictions.

Tableau 1
Les mandats assignés à l'école par la politique éducative

1. Instruire: transmettre le savoir, former l'esprit, développer les capacités intellectuelles des jeunes.

2. Socialiser pour apprendre à mieux vivre ensemble: l'école est appelée à être un agent de cohésion sociale en développant, chez les jeunes, le sentiment d'appartenance à la collectivité. Pour y arriver, «l'école doit être attentive aux préoccupations des jeunes quant au sens de la vie; elle doit promouvoir les valeurs qui fondent la démocratie et préparer les jeunes à exercer une citoyenneté responsable; elle doit aussi prévenir en son sein les risques d'exclusion qui compromettent l'avenir de trop de jeunes» (*Énoncé de politique éducative, 1997*, p. 9). «L'école doit servir de levier à l'émergence d'une société démocratique. Par conséquent, il devient clair qu'à la mission d'instruire vient s'ajouter celle de socialiser. La socialisation, c'est apprendre à vivre bien ensemble, dans le respect des règles sociales communes et dans le souci de promouvoir les valeurs de justice, de liberté et de responsabilité. C'est ainsi préparer les élèves à exercer leurs futurs rôles sociaux. Cet exercice passe par une pratique de la participation dans une microsociété qui est l'école, laquelle devient un milieu de vie stimulant qui incite à la prise d'initiatives où chacun peut développer sa créativité et cultiver son esprit.»

3. Qualifier selon des voies diverses afin de développer chez les élèves les compétences nécessaires à l'intégration professionnelle.

est considérée comme le premier lieu de l'apprentissage de la citoyenneté.

Les finalités de l'éducation à la citoyenneté

L'éducation à la citoyenneté devrait permettre aux jeunes de prendre conscience de leur citoyenneté (voir figure 1) et de l'exercer pleinement et efficacement. Il s'agira:

1. *De découvrir les moyens structurant les rapports sociaux dans une société démocratique et de s'ouvrir aux différences.*
   Enseigner aux élèves la diversité sociale et leur faire prendre conscience de la diversité des cultures, des modes de pensée et de vie. L'éducation à la citoyenneté devrait faire découvrir aux élèves les moyens de vivre ensemble dans la diversité, soit l'égalité, la liberté, l'acceptation d'autrui, le compromis, le règlement pacifique des conflits, la ressemblance et l'interdépendance entre les citoyennes et les citoyens. C'est donc ici l'apprentissage des règles de la vie sociale ou de l'organisation démocratique des rapports humains qui est visé.

2. *De développer la culture civique.*
   Développer chez les élèves les connaissances et la compétence civiques, c'est-à-dire le civisme, le respect de l'autre et de l'environnement, la solidarité et la coopération.

3. *De doter l'élève de la liberté de pensée, de jugement et d'innovation, de lui offrir les moyens de maîtriser son destin.*
   Former des personnes autonomes, dotées d'esprit critique, capables de participer à l'élaboration des idées et à la défense de la liberté et des droits de la personne, de critiquer et de construire des valeurs et des règles de vie communes. «Tout être humain doit être mis en mesure, notamment grâce à l'éducation qu'il reçoit dans sa jeunesse, de se constituer une pensée autonome et critique et de forger son propre jugement, pour déterminer par lui-même ce qu'il estime devoir faire dans les différentes circonstances de la vie» (UNESCO, 1996, p. 102).

4. *De développer chez l'élève le sentiment d'appartenance et d'identification.*
   L'ouverture aux autres passe par la connaissance de soi. L'éducation à la citoyenneté devrait se préoccuper de faire découvrir à l'élève qui il est. C'est à partir de là qu'il pourra chercher à connaître les autres, à s'ouvrir à eux sans peur de se renier ou de nier son groupe d'appartenance. L'élève comprendra par exemple les valeurs sur lesquelles il fonde ses conduites sociales ou psychologiques, les similitudes entre sa vision du monde et la vision des autres et, de cette façon, il saura s'impliquer dans des projets communs avec d'autres. Dans une société multiculturelle et multiethnique comme la nôtre, le développement d'un sentiment d'appartenance exige de reconnaître que la société est composée de plusieurs groupes sociaux, différents par leur histoire et leurs origines, mais confrontés à un futur commun qu'ils doivent construire ensemble.

En résumé, par l'apprentissage de la citoyenneté, les élèves devraient développer des habiletés affectives et cognitives dont certaines sont énumérées dans le tableau 2 ci-dessous.

Tableau 2
Les habiletés à développer

Habiletés affectives	Habiletés cognitives
• l'ouverture à l'autre • la recherche de compréhension de l'autre • la volonté de considérer la culture • l'affirmation de soi tout en s'ouvrant aux autres • le respect du principe de l'égalité dans le débat, dans la tâche • la reconnaissance de la diversité des modes de pensée • le dépassement des préjugés et des stéréotypes • la volonté de mieux vivre ensemble, de se connaître et de se comprendre • la volonté de se créer un espace commun d'échanges et de discussion qui transcende les particularismes individuels	• la capacité de communiquer, d'exprimer ses idées et d'en percevoir les différences avec celles des autres • la connaissance des repères sociaux valorisés et devant être partagés • la capacité de reconnaître des conduites appropriées à la citoyenneté • la capacité de rechercher des compromis, de négocier des projets, d'élaborer des règles de vie • la capacité d'objectiver et d'ancrer les représentations de la citoyenneté et de la diversité de l'environnement social

Les conditions de réussite de l'éducation à la citoyenneté

L'éducation à la citoyenneté, maintient Rachida Azdouz (1998), ne devrait pas se limiter à développer la compétence technique des élèves car:

> Développer le sens civique et éthique, c'est aussi rendre le jeune capable d'avoir ses propres horizons de signification, sa propre conception du juste et de l'équitable, *par-delà la simple connaissance ou compréhension de ce qui est légalement ou démocratiquement acceptable.*
>
> ... il serait important de ne pas reproduire le modèle de démocratie actuel, fondé sur une logique du rapport de force, condamné à l'impasse, les groupes en présence étant de plus en plus incapables de surmonter leurs antagonismes pour dégager de véritables consensus.
>
> Il est urgent de prôner un modèle de démocratie délibérative, où les débats seraient générateurs de projet, de sens, et où les intérêts particuliers n'annuleraient [sic] nécessairement le souci de *l'intérêt général* (p. 8-9).

Donc, l'éducation à la citoyenneté n'a aucun rapport avec la socialisation des jeunes à l'ordre social existant, ce qui serait synonyme d'endoctrinement. L'éducation à la citoyenneté consiste plutôt à donner aux élèves les moyens de construire dès l'école une citoyenneté qui inclue les différentes composantes d'une citoyenneté démocratique et pluraliste. Dans cette perspective, elle diffère de l'adaptation ou de la promotion, auprès des élèves, de l'allégeance à l'ordre existant, aux institutions, aux lois, etc. En d'autres termes, l'apprentissage de la citoyenneté devrait ultimement aboutir à la construction d'un ordre social nouveau. Les activités pédagogiques devraient amener les élèves à se construire un code de citoyenneté. L'éducation à la citoyenneté met l'élève au centre de l'apprentissage et passe obligatoirement par la pratique de la démocratie à et par l'école.

Plusieurs activités existent déjà. Les élèves apprennent les droits dans le cadre de certains cours comme le cours de *Formation personnelle et sociale*. Ils apprennent comment fonctionnent le conseil municipal de leur municipalité, le parlement fédéral ou celui de leur province. Ces activités, si louables soient-elles, ont une influence négligeable sur l'apprentissage de la citoyenneté, car elles ne font pas appel au jugement, à la critique de l'élève quant à la pertinence de ces institutions et à l'éthique de leur fonctionnement. Tant que les activités ne donnent pas à l'élève la possibilité d'innover, le processus d'apprentissage de la citoyenneté n'est pas complété, car l'apprentissage de la citoyenneté suppose à la fois le respect de l'ordre social existant et la construction d'un nouvel ordre par l'apprenant et l'apprenante. C'est ce que nous avons appelé le **fondement dialectique**.

Chapitre 4

L'apprentissage de la citoyenneté

Rappel de quelques théories sur l'apprentissage

La définition de l'apprentissage

> Acte de perception, d'interaction et d'intégration d'un objet par un sujet. Acquisition de connaissances et développement d'habiletés, d'attitudes et de valeurs qui s'ajoutent à la structure cognitive d'une personne. Processus qui permet l'évolution de la synthèse des savoirs, des habiletés, des attitudes et des valeurs d'une personne (Legendre, 1993, p. 67).

«L'apprentissage est une fonction spécifique du cerveau qui nécessite l'intégrité de fonctions aussi diverses que l'affectivité, la mémoire, les réflexes sensorimoteurs; c'est l'organisme tout entier qui intervient dans l'acquisition des comportements appris» (Robidas, 1989, p. 9). C'est un processus dynamique, actif et interne de l'individu (Richard, 1988). Les théories behavioristes définissent l'apprentissage comme la formation de liens ou d'associations entre des stimuli ou entre des stimuli et des réponses: «les comportements manifestes (externes) ou privés (internes) sont le résultat de l'interaction entre l'organisme et l'environnement» (Robidas, 1989, p. 9).

L'apprentissage défini comme processus et comme résultat

> L'apprentissage est un processus cognitif qui, grâce à une interaction entre l'organisme et l'environnement, permet à l'être vivant, à partir de son expérience passée, de modifier son comportement de façon assez rapide et relativement permanente, pourvu que le changement ne puisse s'expliquer par des tendances natives à la réponse, par la maturation ou par des états temporaires tels que la fatigue, la maladie, le trac, etc. (Robidas, 1989, p. 9).

L'apprentissage, écrit Smith (1979), est un processus d'élaboration et de modification de la structure cognitive en vue de donner du sens au monde (p. 122); il a lieu quand il y a modification de la structure cognitive de l'apprenante ou de l'apprenant. Selon cette conception, l'apprentissage est un processus de solution de problème parce que par lui on veut donner un sens à ce qu'on ne comprend pas. Cette structure, selon Smith (1979), est composée de trois systèmes: 1) un système de catégorisation des choses; 2) un système d'identification des traits significatifs catégorisés; et enfin 3) un système de recherche de relations entre les différentes catégories. En ce qui concerne les traits distinctifs, toute catégorie doit «être caractérisée par au moins un trait distinctif sans quoi il n'y aurait pas moyen de distinguer les objets ou les événements qui en font partie de ceux qui font partie d'une autre catégorie» (p. 127). L'apprentissage amène à modifier la liste des traits distinctifs, à découvrir des traits significatifs et à élaborer une liste permettant de caractériser une catégorie. Par ailleurs, l'apprentissage amène à modifier le réseau de relations existantes entre les catégories.

Gagné (1976) définit l'apprentissage comme étant un processus de changement interne qui a lieu quand l'individu acquiert une représentation mentale sous forme de connaissances, d'habiletés et d'attitudes[2]. Comme chez Smith (1979), l'apprentissage chez Gagné (1976) se fait par phases successives dont chacune est rattachée à un processus, soit ce qui se passe réellement dans la tête de l'apprenante ou de l'apprenant. Gagné (1976) décrit également les conditions (internes et externes) qui influencent ces processus en montrant que les conditions externes – l'enseignement – influencent les conditions internes et les processus d'apprentissage. Dans le même sens, Richard (1988) maintient que notre cerveau est un véritable traiteur d'information: il décode les renseignements qui lui sont présentés, les recode dans ses propres termes pour les assimiler sous forme de programmes utiles élaborés d'après des patrons de discrimination de la réalité. Il est intéressant de voir ici la ressemblance entre modification de structure cognitive (Smith, 1979), acquisition d'une représentation

---

2. Voir la modification de la structure cognitive chez Smith.

mentale (Gagné, 1976) et élaboration de programmes utiles (Richard, 1988).

Dans les trois cas, l'apprentissage réfère:

- ❏ à un changement positif: discriminer la réalité, le sens du monde, des objets ou des événements;
- ❏ à un système de traitement de l'information;
- ❏ à une interaction entre l'organisme et l'environnement;
- ❏ aux expériences des apprenantes et des apprenants;
- ❏ à des modifications structurales permanentes mais réversibles.

Enfin, l'apprentissage est aussi défini comme un résultat. Citant Becker (1971), Robidas (1989) écrit: «Quand un sujet fait quelque chose qu'il ne pouvait pas faire auparavant, on peut dire qu'il a appris quelque chose de nouveau, spécialement si les changements suivent des interactions avec l'environnement» (p. 10). Ici, l'apprentissage réfère au savoir-faire et se mesure généralement par la performance que l'individu démontre dans l'action.

L'apprentissage comme phénomène individuel

Chaque personne, écrit Faure (1979), «apprend par elle-même à être et à devenir plus qu'elle n'est. Car telle est la personne, toute personne, encore infantile ou déjà mûre. On ne peut le lui révéler de l'extérieur. Mais on peut aider chacun à en prendre progressivement conscience» (p. 13). Faure (1979) maintient que c'est le moi qui se fait lui-même; que la personne est toujours une création personnelle de soi. C'est elle qui mène ses propres expériences. Dès lors, pour progresser, l'apprenante ou l'apprenant doit être active ou actif, mener elle-même ou lui-même ses propres expériences. Smith (1979) soutient la même position: «Apprendre, est un processus que seul l'enfant peut diriger...» (p. 234). «[...] L'activité éducative est d'abord et avant tout une activité immanente à celui qui se met en situation d'apprentissage. L'activité éducative fait donc référence à la vie intérieure du sujet. C'est essentiellement quelque chose qui se passe en lui» (Dussault et Bégin, 1982, p. 130). L'apprentissage est donc une affaire individuelle: c'est l'apprenante ou l'apprenant qui mobilise ses ressources intérieures (cognitives et affectives). C'est elle ou lui qui décide d'apprendre, de s'engager dans l'apprentissage, de se changer. Elle ou il décide quoi retenir et quoi gommer dans toute communication pédagogique. L'apprentissage est donc un phénomène individuel, non collectif. L'enseignant ou l'enseignante peut aider les élèves à apprendre, mais il ou elle ne peut jamais le faire à leur place.

En résumé, ces théories indiquent que seul l'apprenant ou l'apprenante traite l'information qu'il ou elle reçoit, qu'il est le seul ou qu'elle est la seule à subir des changements sur le plan de la structure cognitive. C'est aussi l'individu qui cherche à donner un sens à son entourage, qui doit trouver des solutions à ses problèmes, qui doit atteindre ses buts, réaliser ses projets personnels.

Les différences individuelles et l'apprentissage

À l'école, les élèves n'apprennent pas de la même façon ni dans les mêmes conditions. Des facteurs divers (cognitifs, sociaux, culturels, environnementaux...)

interviennent pour influencer l'apprentissage. L'intelligence, la santé, les habiletés, les expériences, le milieu social, le milieu familial varient d'un enfant à l'autre, ce qui en fait des individus différents et uniques. La connaissance de ces facteurs est donc essentielle dans le choix des situations didactiques appropriées pour faciliter l'apprentissage.

Bloom (1979) introduit une théorie de l'apprentissage qui tient compte du passé de l'enfant. Il associe le rendement scolaire à trois variables: 1) les préalables scolaires pour affronter la situation pédagogique; 2) la motivation; et 3) la qualité de l'enseignement. Bloom (1979) montre que le degré de maîtrise des préalables va permettre de déterminer la façon dont l'enfant va apprendre et le temps et l'aide appropriés pour surmonter les difficultés de la nouvelle situation didactique. Bloom (1979) considère la **qualité de l'enseignement** comme la variable la plus importante. Comme les élèves abordent une tâche d'apprentissage avec des comportements cognitifs différents, il en est de même sur le plan des comportements affectifs (motivation, intérêt pour la leçon, confiance en soi): certains ou certaines peuvent aborder la situation avec confiance, d'autres avec des doutes; certains ou certaines l'abordent avec plus de plaisir, d'autres avec dégoût. D'après Bloom (1979), les facteurs affectifs peuvent être modifiés par la qualité de l'enseignement. Il montre, à l'instar de Gagné (1976), que les individus ayant des caractéristiques affectives négatives peuvent apprendre s'ils ont des préalables cognitifs. Il écrit: «...des événements peuvent être organisés pour affecter la motivation de celui qui apprend, son attention ou n'importe lequel des processus qui composent l'acte total d'apprentissage» (p. 27).

D'autres variables, comme la langue et le langage, sont aussi jugées extrêmement importantes dans le processus d'apprentissage. «Il n'y a pas deux personnes qui parlent exactement de la même façon» (Smith, 1979, p. 216). Des facteurs d'ordre géographique, culturel ou économique entrent en jeu pour influencer le langage. Par exemple, deux individus parlant la même langue peuvent avoir différents langages, car le langage reflète la structure cognitive de la personne (Smith, 1979).

Enfin, on comprend mieux l'influence de la langue, du dialecte ou d'autres composantes de la culture en regardant de près la littérature sur l'éducation multiculturelle ou l'éducation interculturelle. Différentes études (Villegas, 1991) indiquent que la faible performance scolaire des élèves issus des minorités et des milieux socialement défavorisés est due à la disjonction entre l'école et la maison: différences dans les façons dont la langue est utilisée à la maison et à l'école[3], discontinuité entre les comportements culturels des élèves et ceux exigés à l'école et qui créent des situations d'incompréhension. Smith (1979) soutient la même position. Il maintient que les différentes façons d'utiliser la langue déterminent la quantité et la qualité de la communication et partant l'apprentissage produit en classe. L'élève qui, poursuit Smith (1979), ne parle pas le dialecte de l'école aura des problèmes de compréhension et cela affectera son rendement scolaire. Si l'enseignante ou l'enseignant ne comprend pas l'élève, ce dernier aura les mêmes difficultés. Le dialecte de l'élève est l'indice de ses expériences et de ses valeurs et reflète donc sa structure cognitive. Ce dialecte peut l'empêcher de participer

---

3. La chercheure maintient que, quoique les élèves et les enseignantes puissent parler la même langue, ils et elles ont parfois des façons différentes de l'utiliser: les élèves dont la langue utilisée dans leur environnement social est plus proche de celle utilisée à l'école possèdent un avantage alors que les autres faisant face à une discontinuité sont désavantagés dans leurs apprentissages.

pleinement aux expériences d'apprentissage parce qu'il ou elle ne comprend pas ce qui se passe.

En résumé, la documentation indique que l'apprentissage est à la fois le processus et le résultat de l'acquisition des connaissances. Il implique l'intervention de divers facteurs, internes (sociocognitifs) et externes (environnement didactique, par exemple), la mise en présence d'expériences différentes des élèves et de l'enseignante ou de l'enseignant et, enfin, l'autodéveloppement ou l'amélioration du système de pensée (de la structure cognitive).

Le cadre théorique de l'apprentissage de la citoyenneté

De façon générale, deux conceptions de l'apprentissage se dégagent de la littérature. La première considère l'apprentissage comme un système d'enregistrement des connaissances (informations) et met l'accent sur la mémorisation. Cette conception exige une pédagogie de la répétition qui permet l'impression des notions dans la mémoire. La deuxième conception considère l'apprentissage comme un processus dynamique de sélection et de construction des connaissances. La rétention des apprentissages (informations) dépendra des savoirs antérieurs, qui constituent le cadre de référence, de lecture et d'interprétation des notions enseignées. Cette conception de l'apprentissage amène à recourir à des méthodes pédagogiques qui favorisent la découverte, la construction personnelle des connaissances.

Le cadre théorique que nous proposons s'inspire de cette dernière conception de l'apprentissage et met l'accent sur la découverte et la construction des connaissances plutôt que sur leur enregistrement et leur sédimentation. Nous décrivons ci-après les caractéristiques de ce modèle théorique.

L'apprentissage et la situation didactique

Selon le cadre théorique proposé, une situation didactique est une situation de communication. L'enseignante ou l'enseignant communique des concepts, des notions, des messages à l'élève. La situation didactique met en présence le savoir enseigné et le savoir préexistant, qui est constitué de connaissances scientifiques, de croyances, de préjugés et de stéréotypes. Ce savoir s'est construit au cours des différentes expériences de vie de l'élève.

Cette schématisation met en évidence l'importance des savoirs antérieurs dans tout apprentissage. Ces savoirs servent à la fois de grille de lecture, de cadre d'interprétation et d'intégration cognitive des savoirs enseignés dans le système de catégories préexistant. Ils sont constitués à partir de l'expérience familiale, de l'école et de toutes les expériences de l'apprenante ou de l'apprenant à partir de la naissance. Comme l'indique le schéma de la figure 2, ils sont l'outil essentiel à la disposition de l'élève pour comprendre les enseignements, les mémoriser, les objectiver et les ancrer dans la réalité; d'où l'importance d'en tenir compte. Enfin, ils interviennent à la fois en amont pour recevoir et intégrer les enseignements et en aval pour les appliquer dans les situations concrètes.

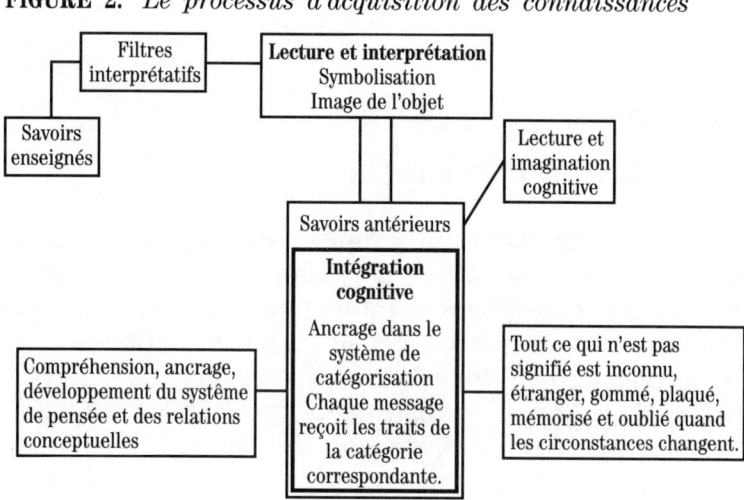

FIGURE 2. *Le processus d'acquisition des connaissances*

```
         Filtres              Lecture et interprétation
      interprétatifs          Symbolisation
                              Image de l'objet
 Savoirs                                                  Lecture et
 enseignés                                                imagination
                                                          cognitive
                              Savoirs antérieurs

                              Intégration
                              cognitive

                              Ancrage dans le
                              système de           Tout ce qui n'est pas
 Compréhension, ancrage,      catégorisation       signifié est inconnu,
 développement du système     Chaque message       étranger, gommé, plaqué,
 de pensée et des relations   reçoit les traits de mémorisé et oublié quand
 conceptuelles                la catégorie         les circonstances changent.
                              correspondante.
```

L'apprentissage et la transformation du système de pensée

L'apprentissage n'est pas une accumulation de connaissances sédimentées mais une transformation du réseau conceptuel de l'apprenante ou de l'apprenant. D'où la nécessité de connaître le savoir ancien afin de pouvoir établir des connexions avec les savoirs enseignés.

FIGURE 3. *La représentation des savoirs empilés les uns sur les autres*

L'apprentissage est une transformation de la structure cognitive à partir de laquelle l'apprenante ou l'apprenant pense et décode la réalité. Selon cette conception, pour qu'une nouvelle donnée soit intégrée et utilisée par le système cognitif, il est nécessaire qu'elle soit reliée aux savoirs déjà existants. Comme le souligne le Groupe de travail sur la réforme du curriculum (Gouvernement du Québec, 1997), «Intégrer des savoirs, c'est aussi les greffer sur des savoirs antérieurs, c'est aussi les restructurer, c'est-à-dire les replacer dans un ensemble qui est autre, c'est aussi établir des liens entre des savoirs différents. Dans tous les cas, intégrer des savoirs, c'est établir des liens» (p. 29). Enfin, comme l'indique Giordan dans son modèle d'apprentissage allostérique[4], l'apprentissage aboutit à un nouveau système de pensée, à une nouvelle structure cognitive. Dans ce modèle, Giordan indique que la nouvelle structure cognitive:

❏ retient les éléments du savoir passé[5] et ceux du nouveau savoir transmis par l'enseignante ou l'enseignant;

❏ est alors plus complexe, car elle est constituée de connexions multiples;

❏ est riche et plus proche de la réalité.

Par ailleurs, le modèle d'apprentissage allostérique indique que les concepts du savoir antérieur ne sont pas remplacés, qu'ils demeurent en place mais qu'ils sont différemment triés et reliés aux autres concepts du réseau. Ils acquièrent d'autres significations, leur

---

4. Voir Bertrand, Y., 1990.
5. Ce sont les éléments du savoir passé qui, servant de grille de décryptage (voir figure 2), décodent et assurent l'intégration cognitive des nouvelles données.

pondération relative dans la structure cognitive se différencie; il y a réorganisation de tout le système et l'élève a amélioré son degré de compréhension ou son comportement. De nouveaux sites actifs sont créés, permettant de prendre en compte un plus grand nombre d'informations.

À l'inverse, si le savoir enseigné n'est pas relié à l'ancien, il ne sera ni intégré ni activé pour décoder la réalité; il n'y aura pas d'apprentissage, ni de développement. La notion sera mémorisée et oubliée aussitôt que les circonstances de son enregistrement auront perdu leur raison d'être[6] et l'élève continuera d'appliquer, dans ses conduites psychologiques et sociales, les éléments que lui offre son système de pensée et de décodage de la réalité.

La figure 4 tente d'illustrer le réseau notionnel de la citoyenneté[7]. Il s'agit d'une carte mentale très simplifiée mais qui indique les notions essentielles de la citoyenneté. Ces notions sont reliées entre elles pour former un réseau ou le système de pensée de la citoyenneté. Certaines notions (responsabilité, appartenance, participation, valeurs et droits) occupent une place centrale dans la structure cognitive et sont donc déterminantes dans la définition de la citoyenneté. D'autres sont plus périphériques et gravitent autour des notions *valeurs* (coopération, solidarité, autonomie, justice/équité et respect), *participation* (politique, bénévolat), *appartenance* (partage, identification), *responsabilités* et *cadre démocratique*

---

6. Il peut s'agir de la mémorisation d'une notion pour un examen et, dès que l'examen est passé, l'individu n'a plus besoin de la présence de la notion. Il peut aussi s'agir d'une pression externe: la notion demeure dans la mémoire le temps nécessaire, mais est elle est supprimée aussitôt que la pression disparaît.

7. D'autres notions peuvent s'y rattacher pour produire une carte encore plus large: tout dépendra du développement sur la citoyenneté.

(droits et libertés de la personne, institutions démocratiques, lois). Sur la base de cette représentation, tout enseignement d'une notion de la citoyenneté devrait faire référence au savoir préexistant chez l'élève, car tout élément enseigné qui ne trouve pas de lieu de greffe au réseau ne sera ni intégré ni utilisé ou investi par le système de pensée de l'élève. L'élément en cause ne participera pas au développement des conduites reliées à la citoyenneté parce qu'il ne pourra pas être mobilisé.

Le rôle de l'élève dans l'apprentissage de la citoyenneté

Prenant appui sur la plupart des théories de l'apprentissage, le cadre théorique retenu ici considère l'élève comme son propre constructeur de connaissances, auteur de ses apprentissages. C'est lui qui participe à la construction des connaissances en mobilisant les outils cognitifs nécessaires à la lecture de l'enseignement transmis. Personne d'autre ne peut faire ce travail à sa place. Selon le Groupe de travail sur la réforme du curriculum (Gouvernement du Québec, 1997):

> Seul l'élève fait l'intégration des savoirs et seuls les enseignants et les enseignantes peuvent, par leur enseignement même, la favoriser. Et le maître d'expérience sait comment organiser son enseignement de façon à permettre cette structuration des savoirs: stylisation, simplification pour permettre à l'élève de saisir des liens; organisation du cours selon une progression concentrique et non linéaire afin de faciliter les remembrements; remise en cause de

l'organisation des savoirs par la présentation des faits ou d'expériences qui n'entrent pas dans cette organisation (p. 29).

L'enseignante ou l'enseignant devrait donc tenter de découvrir les concepts mobilisés par les élèves dans le processus d'apprentissage afin de les confronter à des informations nouvelles qui vont leur permettre de restructurer leur système de pensée. La prise en compte des savoirs des élèves permet aussi à l'enseignante ou à l'enseignant de préparer son intervention de manière à pouvoir transformer le système de pensée de l'apprenante ou de l'apprenant.

Cette conception du rôle de l'élève dans ses apprentissages trouve son point d'appui dans le développement actuel des connaissances en psychologie sociale

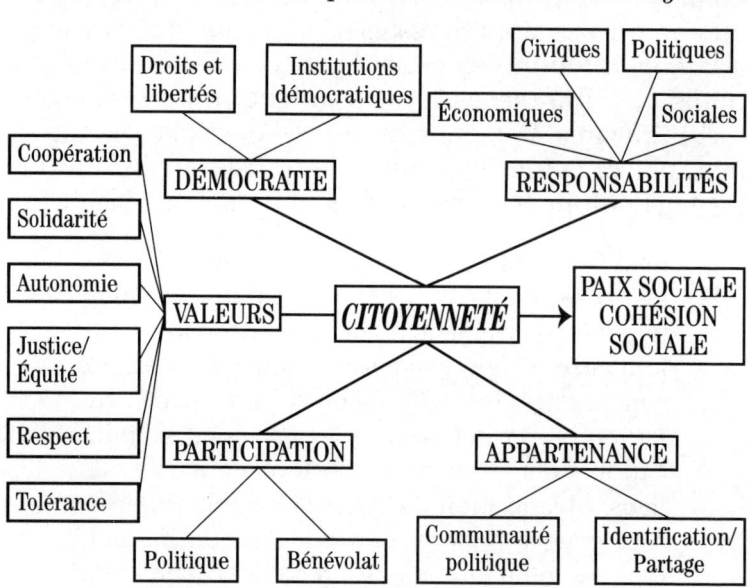

FIGURE 4. *Le réseau conceptuel de l'éducation à la citoyenneté*

En effet, de nombreux chercheurs maintiennent qu'il ne suffit pas de donner une information à l'apprenante ou à l'apprenant pour que celle-ci soit décodée et retenue comme telle. L'apprenante ou l'apprenant entend le message et fait intervenir ses savoirs antérieurs pour le décoder et lui trouver une signification. Au cours de ce processus de décodage, le message passe par des filtres interprétatifs qui sont constitués de croyances, de stéréotypes, de préjugés et de connaissances scientifiques ou de sens commun élaborés au cours d'expériences antérieures de vie. Les éléments du message subissent un processus mental de tri, de sélection, au cours duquel seuls les éléments significatifs ou reconnaissables par l'apprenante ou l'apprenant sont retenus.

Ce travail cognitif indique d'ores et déjà l'importance de tenir compte des repères cognitifs de l'apprenante ou de l'apprenant et des significations qu'elle ou il attribue à l'objet de connaissance, car ce sont ces significations et repères[8] qui constituent la base de la réception et de l'intégration cognitive des enseignements.

---

8. On se demandera: «Qu'est-ce qu'il sait sur l'objet de connaissance?» «Qu'est-ce que cela signifie?»

Chapitre 5

L'application pédagogique

L'éducation à la citoyenneté doit mettre en place une pédagogie utilisant des stratégies plus actives qui permettent à l'élève de se découvrir, de se comprendre et de comprendre les autres, d'agir et de construire sa propre citoyenneté. De telles stratégies exigent de recourir fréquemment à l'étude de cas concrets, au travail d'argumentation, au débat et au questionnement. Bref, ces stratégies exigent des situations didactiques où la parole est accessible aux élèves, des situations où l'on propose, discute, argumente sur des projets, des responsabilités, des règles de vie, des événements de tous les jours.

L'éducation à la citoyenneté exige également une démarche pédagogique centrée sur l'élève, sur ses connaissances de la citoyenneté en vue d'une éventuelle transformation. Une telle démarche permet aux élèves de s'approprier de façon active et personnelle des connaissances, des valeurs et des principes qui sont le fondement d'un apprentissage participatif de la citoyenneté. Comme il est indiqué dans le tableau 3, la démarche pédagogique impliquera au moins trois phases pour toutes les activités offertes aux élèves:

❏ l'exploration du réseau conceptuel, par la technique de mise à jour des représentations sociales, dont l'objectif est de découvrir la structure cognitive de la citoyenneté chez les élèves;

❏ l'intervention pédagogique qui vise à transformer la structure repérée chez les élèves;

❏ l'ancrage des concepts dans la réalité en vue d'une intégration cognitive.

Nous espérons que cette démarche pédagogique respecte les deux fondements majeurs de l'éducation à la citoyenneté, à savoir les fondements dialectique[9] et participatif.

Les stratégies pédagogiques

La technique d'évocation des représentations sociales

La technique d'évocation des représentations sociales poursuit deux buts: un but pédagogique et un but d'apprentissage de la parole et de l'expression. D'abord, elle veut permettre à l'enseignante ou à l'enseignant de pouvoir tenir compte, dans son intervention pédagogique, du niveau de connaissances que les élèves ont de la notion de citoyenneté à l'étude. Ces connaissances *ex ante* servent d'outil d'apprentissage (décodage et intégration cognitive) des notions enseignées.

---

9. Les élèves décrivent la réalité objective d'un aspect de la citoyenneté. Ils la critiquent ensemble et de manière constructive et proposent une nouvelle façon de concevoir cette réalité.

Tableau 3
Tableau synoptique de la démarche pédagogique proposée

Différentes phases pour la démarche pédagogique	Fondements théoriques	Objectifs poursuivis
1. Exploration du concept	Évocation des représentations sociales à propos de l'objet d'étude	Repérer la structure cognitive des élèves à propos des concepts enseignés
2. Intervention pédagogique pour transformer le réseau conceptuel des élèves	Enseignement (intervention de l'enseignante ou de l'enseignant)	Donner aux élèves des messages pédagogiques en vue de transformer la structure cognitive préexistante
3. Ancrage des concepts en vue d'une intégration cognitive	Construction de la connaissance par l'apprenante ou l'apprenant	Intégrer les notions apprises par leur application dans la réalité

Ensuite, le recours à cette stratégie constitue une excellente occasion pour l'élève de s'initier à la prise de parole, d'avoir accès à la parole et à l'objectivation de ses connaissances[10].

---

10. Un citoyen ou une citoyenne, c'est celui ou celle qui peut parler, qui peut prendre la parole, qui donne son opinion et écoute celle des autres dans le but de construire une pensée collective commune. On ne saurait donc prétendre former à la citoyenneté si on ne donne pas accès à la parole, si on n'initie pas à la parole

Le but d'ordre pédagogique

Les élèves qui arrivent en classe ne se présentent pas la tête vide. Ils ont déjà des connaissances scientifiques ou de sens commun. Ils ont des façons de s'exprimer, un vécu, une histoire scolaire et sociale, des repères, des images, des mythes, des croyances et des schémas culturels. Bref, ils ont déjà un univers mental de référence qui leur sert de cadre de référence, de lecture et d'interprétation des enseignements reçus. C'est ce que nous avons appelé les savoirs antérieurs et ceux-ci constitueraient le système de pensée de l'élève. L'intervention de l'enseignante ou de l'enseignant a comme objectif de transformer ce système, de le complexifier, de le développer. Donc, en demandant aux élèves d'évoquer leur connaissance des concepts enseignés, l'enseignante ou l'enseignant tente de comprendre les univers de référence des élèves, leurs structures cognitives respectives et d'intervenir pour les modifier. L'ignorance de ces structures risque d'hypothéquer l'apprentissage, car l'enseignante ou l'enseignant pourrait donner un enseignement qui ne peut être ni intégré ni utilisé par le système de pensée.

Dans une classe culturellement hétérogène, cette technique peut réduire les risques de conflits ou d'incompréhension. En effet, la différence de représentations constitue en elle-même une frontière au-delà de laquelle les individus et les groupes ne peuvent communiquer parce que les objets de communication n'ont plus la même signification. Dans ce cas, la communication devient un monologue ou un dialogue de sourds.

En résumé, la technique d'évocation des représentations sociales présente de nombreux avantages. Elle permet, entre autres: 1) de dévoiler les significations que les élèves attribuent aux notions; 2) d'estimer la variation ou la distance entre ces significations et le contenu des concepts à enseigner; et enfin 3) d'organiser l'intervention pédagogique de manière à proposer des activités significatives permettant de créer des connexions au réseau conceptuel[11].

L'accès à la parole

La technique d'évocation des représentations sociales est aussi pertinente sur un autre plan, celui de la parole, de l'expression. Lorsque, en groupe, les élèves évoquent leurs représentations et les justifient, ils acquièrent en même temps la capacité de s'exprimer, d'exposer leurs points de vue, de les discuter, de les comprendre parce qu'ils sont objectivés.

> La formation des citoyennes et des citoyens actifs et responsables, conscients d'appartenir à la «communauté humaine» est un long processus au cours duquel interviennent plusieurs éléments, dont le premier concerne la place et le pouvoir accordés à la parole des élèves. Cette parole, ces derniers doivent pouvoir l'utiliser entre pairs en vue d'élaborer une réflexion collective (EIP[12], 1997, p. 24).

Le recours à l'expression des jeunes est une préparation aux délibérations démocratiques, au dialogue comme modalité de résolution pacifique des conflits. Les jeunes apprennent, en effet, à se situer, à situer les autres; ils apprennent à argumenter, à justifier

---

[11]. L'enseignante ou l'enseignant comprendra, par exemple, la position conceptuelle des élèves par rapport à l'égalité des droits entre les hommes et les femmes, entre les adultes et les enfants, et pourra intervenir efficacement pour modifier cette position sur le concept d'égalité des droits entre les citoyens ayant des attributs différents.

[12]. EIP, École instrument de paix.

leurs positions, à délibérer pour arriver à une position commune et consensuelle ou, à tout le moins, à un compromis acceptable par tous. C'est de cette façon qu'ils apprennent les processus qui mènent à la paix sociale dans une démocratie. Par ailleurs, le débat permet aux élèves de s'approprier les concepts enseignés et de pouvoir les ancrer dans la réalité[13].

Les échanges entre les élèves sur leurs représentations respectives à propos des concepts enseignés devraient leur permettre de construire une citoyenneté démocratique, responsable où la parole de chacun est porteuse d'éléments constructifs. Les jeunes peuvent enrichir les règles de la citoyenneté, les faire évoluer, les partager et les défendre.

La pédagogie de la coopération

L'enseignement de la citoyenneté comme formation de l'esprit ne saurait se faire à vide, précise le Groupe de travail sur la réforme du curriculum (1997). «L'esprit actif recherche le dialogue avec d'autres esprits actifs, les camarades de classe ou l'enseignant» (p. 29).

L'éducation à la citoyenneté pour mieux vivre ensemble se préoccupe, entre autres, des problèmes de coexistence harmonieuse entre populations d'origines et d'allégeances différentes. Elle sert à conscientiser les élèves à la diversité ethnique, culturelle, linguistique, religieuse, à la diversité des modes de vie, etc.; elle veut fournir aux élèves les moyens nécessaires pour s'adapter et s'identifier à cette diversité et pour la vivre.

---

13. Tout concept a une histoire, un contenu. En participant à la formation des concepts, les enfants parviennent à les maîtriser. Un concept imposé n'est jamais totalement compris car il demeure toujours une zone grise, celle de sa formation par les autres.

Une telle préoccupation requiert des méthodes pédagogiques permettant aux élèves de travailler ensemble, de se confronter à la diversité et de se trouver des horizons communs, des similitudes et des différences. Selon le rapport de l'UNESCO (1996):

> Lorsqu'on travaille ensemble à des projets motivants qui font sortir de l'habitude, les différences, et même les conflits, entre les individus tendent à s'estomper, et disparaissent parfois. Un mode d'identification nouveau naît de ces projets qui permettent de dépasser les routines individuelles et valorisent ce qui est commun par rapport à ce qui est étranger (p. 101).

La pédagogie de la coopération nous semble donc mieux répondre à l'enseignement de la citoyenneté. Ensemble, les élèves peuvent créer des contextes communs qui transcendent leurs différences individuelles et se doter de moyens d'échanges et de négociation dans ce champ commun transculturel. En outre, les élèves peuvent se familiariser avec les règles de la vie en groupe et avec les conduites appropriées pour maintenir l'unité et l'harmonie du groupe. Aussi, à l'occasion des créations collectives, les élèves évoquent leurs représentations à propos des concepts enseignés. Ils s'écoutent les uns les autres, argumentent et construisent ensemble, ce qui est le propre de la démocratie délibérative. Dans tous les cas, l'adoption de valeurs communes ne saurait se faire dans l'isolement. La psychologie sociale le confirme: c'est dans les communications et dans toutes autres interactions que se construisent les représentations sociales définies par Jodelet (1989) comme une forme de connaissance collectivement élaborée et partagée et qui constitue l'identité collective du groupe, qui distingue un groupe d'un autre, qui marque les espaces spécifiques d'appartenance. Par ailleurs, de multiples recherches contemporaines inspirées par les théories de Vygotsky (1985) ont montré que l'interaction sociale conduit l'apprenante ou l'apprenant à bâtir de nouveaux instruments cognitifs permettant, à leur tour, de participer à des interactions plus élaborées et favorisant de nouveaux progrès intellectuels.

La pédagogie de la coopération permet aux élèves:

❏ de construire ensemble leurs propres connaissances de la citoyenneté;

❏ de se créer un espace commun de communication interculturelle;

❏ d'avoir des contacts;

❏ de verbaliser, d'exprimer leurs idées, de discuter, d'argumenter, de comparer leurs points de vue à ceux des autres, de s'interroger et de mettre en cause leurs représentations de la réalité, du monde et des autres;

❏ de découvrir les autres et soi;

❏ de comprendre les autres et soi-même (ses préjugés, ses stéréotypes).

La pédagogie de la coopération comporte de nombreux autres avantages, notamment la qualité des relations et des interactions qu'elle crée entre les élèves, le sens de la poursuite collective d'un projet commun et la participation égalitaire de tous les membres du groupe coopératif. Les élèves y apprennent à être responsables de la réussite de leur groupe, ils fonctionnent en interdépendance positive. Dans un groupe coopératif, les élèves partagent des ressources, des efforts déployés par chacun pour un objectif commun. Chacun compte sur la coopération, la solidarité des autres pour réaliser un but commun. Les objectifs sont liés de façon positive: lorsqu'un membre du groupe a atteint son objectif, la probabilité que d'autres l'atteignent également augmente. L'apprentissage coopératif fait participer les élèves en mobilisant les énergies vers un but commun; ils demeurent actifs dans la résolution des problèmes. Le recours au travail coopératif des élèves va favoriser le rapprochement interculturel et la création d'espaces communs de communication. C'est donc la pédagogie, comme le montre le tableau 4, qui répond le mieux aux objectifs de l'éducation à la citoyenneté.

Tableau 4
Le travail coopératif et les objectifs de l'éducation à la citoyenneté

1. Interactions positives entre les différents membres du groupe
2. Construction collective et solidaire d'un projet scolaire où le travail collectif devient garant de la réussite scolaire
3. Échange, coopération, négociation des valeurs et des projets
4. Rapprochement des jeunes issus de différents groupes sociaux pour favoriser l'émergence de relations harmonieuses intergroupes
5. Ouverture à l'altérité, à l'autre et l'affirmation de soi
6. Respect du principe d'égalité dans le débat
7. Reconnaissance et acceptation réciproques
8. Intégration des élèves des groupes sociaux marginaux, décloisonnement social
9. Responsabilité envers le groupe
10. Reconnaissance des spécificités de chacun, de la contribution de chacun dans la réussite scolaire
11. Réussite scolaire tributaire de l'apport de chacun, le projet s'enrichissant par l'apport de chacun

Quelques formules pédagogiques

Les formules pédagogiques que nous proposons permettent aux élèves de s'approprier la connaissance, les valeurs et les principes qui sont le fondement de la citoyenneté démocratique et pluraliste. Elles peuvent mettre en place différents formats d'activités:

- des études de cas;
- des jeux de rôle (sur la famille, le quartier);
- des activités parascolaires;
- des discussions en groupes coopératifs;
- des mises en situation;
- des sorties éducatives;
- du théâtre, etc.

Ce qui importe dans les approches utilisées et les activités proposées, c'est que les élèves: 1) puissent s'exprimer, discuter, argumenter, débattre, s'interroger, construire, proposer des projets ou des règles de vie; et 2) travaillent ensemble pour construire une identité commune, un espace commun de communication interculturelle.

Par ailleurs, cette centration de l'apprentissage sur l'élève comporte des avantages importants, comme le démontre la figure 5. Elle améliore à la fois le rapport de l'élève avec soi-même, avec les autres et avec les objets d'enseignement. Il ou elle apprend à être solidaire, responsable, autonome dans ses apprentissages et à aimer ce qu'il ou elle fait.

FIGURE 5. *Les effets escomptés des méthodes proposées*

Implication
(Amélioration du rapport avec soi)

Solidarité
(Amélioration du rapport aux autres)

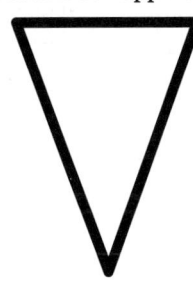

Ouverture
(Amélioration du rapport à l'objet de connaissance)

La démarche pédagogique proposée pour l'éducation à la citoyenneté

Dans le tableau 3, nous proposons une démarche en trois phases qui tient compte: 1) des exigences théoriques de l'apprentissage, soit de la transformation de la structure représentative de l'apprenante et de l'apprenant et de la construction d'une nouvelle structure plus riche, plus complexe et plus proche de la réalité; et 2) des buts et des objectifs de l'éducation à la citoyenneté.

Dans la première phase, **l'exploration du concept,** l'enseignante ou l'enseignant amène les élèves en petits groupes coopératifs à verbaliser leurs conceptions des notions ou des valeurs à enseigner (exemples: l'égalité entre les citoyennes et les citoyens, le respect de l'autre, la protection de l'environnement, le règlement pacifique des conflits). Selon les thèmes, l'enseignante ou l'enseignant pourrait demander aux élèves:

❑ d'indiquer, en petits groupes, les éléments de connaissance de la notion étudiée, d'en découvrir des synonymes ou des antonymes;

- de discuter ensemble de la pertinence de ces éléments dans la notion étudiée;
- de souligner sur une base consensuelle les éléments centraux de la notion à l'étude, de les justifier afin que l'enseignante ou l'enseignant sache sur quoi les élèves se basent pour parler de la notion étudiée;
- de rapporter devant le groupe/classe les notions retenues et de les justifier (dire pourquoi ces éléments font spécifiquement référence à la notion étudiée);
- de demander à tout le groupe/classe de désigner les éléments centraux parmi tous les éléments rapportés par les différents groupes de coopération.

La phase d'exploration du concept aboutit à une définition précise et consensuelle de la notion. Celle-ci constitue l'ensemble des connaissances que les élèves ont de la notion et forme leur structure cognitive. Comme indiqué précédemment, c'est cette structure qu'il faut transformer pour qu'il y ait apprentissage. Dans la phase 2, **l'intervention pédagogique pour transformer le réseau conceptuel,** l'enseignante ou l'enseignant devrait d'abord consulter le résultat d'exploration afin de déterminer les informations à donner aux élèves. Elle ou il peut utiliser une approche chronologique pour montrer comment cette notion a évolué et est devenue réalité dans la société. L'enseignante ou l'enseignant peut aussi présenter un cas, un événement, un texte faisant référence à la notion étudiée et demander aux élèves de l'analyser, en petits groupes, en mettant en évidence les éléments qui réfèrent à cette notion. Elle ou il peut les amener sur le terrain où s'actualisent ces notions.

La troisième phase, **l'ancrage des concepts en vue d'une intégration cognitive,** permet aux élèves d'ancrer les connaissances acquises en phase 2 dans une situation concrète. Cette phase est essentielle, car elle est responsable de l'intégration cognitive des connaissances. L'enseignante ou l'enseignant pourrait, entre autres, demander aux élèves en groupes coopératifs:

- de rapporter des cas connus ou vécus par eux-mêmes ou par leurs proches et dans lesquels la notion étudiée était en jeu;
- d'identifier les conséquences de l'absence ou de la présence des conduites liées à cette notion dans une classe, une école, une famille ou un quartier;
- de cerner les causes de l'absence ou de la présence de ces conduites;
- de rédiger un code de conduite basé sur cette notion et d'indiquer comment on pourrait l'appliquer dans la classe, dans l'école, dans la famille ou dans le quartier.

Les thèmes et les activités de l'éducation à la citoyenneté

Les thèmes et les activités proposés sont reliés aux habiletés qu'il faut développer chez les élèves relativement aux différentes dimensions de la citoyenneté (voir figure 4). Sous chacun des thèmes, nous donnons une brève description de son insertion dans le réseau conceptuel de la citoyenneté. Ensuite, nous proposons les objectifs généraux du thème et les sous-thèmes qui y sont associés. Enfin, pour illustrer la démarche pédagogique, nous présentons un sous-thème choisi parmi les sous-thèmes proposés. L'enseignante ou l'enseignant est libre, sur la base du niveau de connaissances de ses élèves et des problèmes perçus relativement à la citoyenneté, de choisir un sous-thème et de procéder selon la démarche suggérée.

Les activités sont élaborées en tenant compte:

❏ des deux stratégies pédagogiques proposées (mise à jour des représentations sociales, et pédagogie de la coopération);

❏ des dimensions majeures de l'éducation à la citoyenneté (figure 4);

❏ de la démarche pédagogique en trois phases (tableau 3).

Comme indiqué précédemment, les activités ont été sélectionnées à des fins d'illustration ou d'application de la démarche pédagogique proposée. Elles ne couvrent donc pas tous les thèmes et sous-thèmes de l'éducation à la citoyenneté. Notons aussi que certains buts recherchés dans l'éducation à la citoyenneté ne peuvent être que la conséquence directe des méthodes pédagogiques utilisées, de l'organisation de l'ensemble de l'école, des rapports jeunes/adultes dans les écoles ou des compétences transversales. Par exemple, la pédagogie proposée, la pédagogie de la coopération, conduit au développement du sens de la responsabilité, à l'apprentissage des modalités de la création collective et à la découverte mutuelle qui permet d'éviter les conflits grâce à leur résolution par le dialogue et l'argumentation en vue d'un consensus ou d'un compromis. Aussi, la paix sociale, le refus de la violence et de l'exclusion, le règlement pacifique des conflits, ne peuvent résulter que d'un processus éducatif long et soutenu faisant appel à des modes d'intervention pédagogique appropriés[14]. Par ailleurs, nous avons tenté, à titre d'illustration, d'indiquer le niveau d'enseignement auquel correspondrait le mieux chacune des activités proposées. Pour ce faire, nous nous sommes basés sur les connaissances potentielles que les élèves sont censés posséder, à un niveau quelconque, en géographie, en histoire et en morale. En d'autres termes, si les élèves de la classe ont appris l'histoire de la région ou du quartier, l'enseignante ou l'enseignant devrait choisir des activités reliées à ces niveaux de savoir. Cela pourrait éviter des redondances d'un niveau d'enseignement à un autre et créer plus de dynamique dans l'éducation à la citoyenneté. Il faudrait donc éviter que les élèves répètent les mêmes discussions d'une année à l'autre.

Les activités sont présentées selon un même schéma comme le montre la fiche d'activité (p. 72). Ce schéma peut être modifié, changé ou adapté. L'important c'est que les jeunes puissent travailler ensemble, discuter de leurs diverses opinions sur les objets de l'éducation à la citoyenneté, construire ensemble et faire évoluer leur citoyenneté.

Les questions à poser aux élèves au cours de la démarche pédagogique sont formulées de la même façon. Dans l'exploration du réseau conceptuel, nous suggérons de poser la question suivante: À quoi vous fait penser [par exemple] l'égalité entre les citoyennes ou les citoyens? Les mots produits et consensuellement acceptés constituent les images que les élèves ont de l'objet d'étude, ici l'égalité. Ce sont aussi des notions ou des concepts qui forment un réseau et qui guident leurs conduites dans des situations concrètes.

---

14. Il faut garder en mémoire que l'éducation à la citoyenneté vise la constitution d'une nouvelle représentation de la citoyenne ou du citoyen et de la citoyenneté et que cela ne peut se faire dans le cadre d'une seule intervention pédagogique.

> **FICHE D'ACTIVITÉ**
> 1. Présentation du thème
> 2. Énoncé des objectifs généraux du thème
> 3. Identification de sous-thèmes d'activité
> 4. Choix d'un sous-thème d'activité
> 5. Détermination des objectifs spécifiques pour le sous-thème
> 6. Application du modèle théorique proposé (exploration du réseau conceptuel, intervention pour transformer le réseau conceptuel des élèves, ancrage des concepts en vue d'une intégration cognitive)

Cette question peut également être modifiée par l'enseignante ou l'enseignant selon la capacité de compréhension de son groupe/classe[15].

Enfin, nous n'avons pas tenté de mentionner le temps requis pour réaliser une activité. Il appartiendra à l'enseignante ou à l'enseignant de planifier le déroulement des activités en fonction de la dynamique de sa classe et de ses propres intérêts et contraintes.

Thème 1 – La connaissance de la diversité sociale

Dans une société pluraliste, la socialisation invite à parler de la diversité, à développer des attitudes et des comportements respectueux de la différence, dans

---

15. L'enseignante ou l'enseignant peut aussi demander aux élèves, si ceux-ci ne maîtrisent pas l'expression verbale, de représenter graphiquement la notion à l'étude.

un esprit d'ouverture et de partage. L'une des préoccupations de l'éducation à la citoyenneté porte justement sur l'établissement de relations harmonieuses entre les différents groupes sociaux qui sont appelés à unir leurs efforts pour bâtir ensemble une société où chacun se sent bien chez soi. Le but poursuivi dans ce thème sera de sensibiliser les élèves à la diversité sociale (diversité ethnique, culturelle, religieuse, modes de vie, modes de pensée, statut socioéconomique, etc.). L'enseignante ou l'enseignant devrait insister sur les différences, qui sont souvent sources de conflits, de violence (discrimination, racisme, exclusion)[16]. La technique d'évocation des représentations sociales met à jour la diversité des modes de pensée et des visions du monde. Le travail coopératif permettra aux élèves: 1) d'apprendre à vivre et à travailler avec des personnes différentes; 2) de combattre les préjugés, les stéréotypes par la découverte de soi et des autres et par la valorisation de la solidarité, par l'interdépendance positive et la recherche d'un terrain commun de communication interculturelle. Ce sera aussi la découverte de leur position dans cette diversité.

Objectifs généraux du thème

1) Comprendre le concept de diversité sociale

2) Comprendre les différents types de discrimination causée par les différences

3) Comprendre l'importance des différences dans l'édification sociale

---

16. Ces différences sont indiquées dans l'article 10 de la *Charte des droits et libertés de la personne du Québec* et dans l'article 15 de la *Charte canadienne des droits et libertés*.

4) Reconnaître que les différences sont caractéristiques de toute société moderne
5) Maîtriser les règles du dialogue comme modalité la plus élevée pour résoudre les conflits liés aux différences

Différents sous-thèmes

• Diversité culturelle • Diversité religieuse • Diversité des modes de pensée • Diversité d'aptitudes physiques, intellectuelles • Différences biologiques (couleur de la peau, déficiences physiques, différences sexuelles…)	• Différences de statut économique et social • Différences d'âge • Différences de langues • Diversité ethnique

Suggestion d'un sous-thème d'activités: la diversité ethnoculturelle

Objectifs
1. Comprendre le caractère ethnoculturel de la société canadienne
2. Repérer quelques groupes ethnoculturels qui composent la société canadienne et québécoise
3. Identifier les diverses formes d'exclusion (racisme, intolérance) dont sont victimes certains groupes sociaux ainsi que leurs fondements idéologiques

PHASE I
Exploration du concept de diversité ethnoculturelle

Former cinq groupes coopératifs et demander à chaque groupe de travailler sur l'un des sujets ci-dessous:

1. L'histoire du peuplement du Canada et du Québec. Comment le Canada et le Québec ont-ils été peuplés?

2. Les groupes ethnoculturels qui composent la société canadienne et la société québécoise. Quels sont les groupes ethniques qui composent la société canadienne et québécoise?

3. Les mots de notre vocabulaire qui proviennent d'autres langues. Quels sont les mots que vous utilisez et qui sont empruntés à d'autres langues que le français?

4. Les politiciens, les politiciennes, les personnes célèbres ou les personnalités sportives canadiennes ou québécoises qui sont membres de groupes ethniques différents. Nommer quelques personnages connus qui sont membres de groupes ethniques.

PHASE II
Intervention pédagogique pour transformer le réseau conceptuel des élèves

1. Parler de l'histoire de la diversité ethnoculturelle au Canada et au Québec (histoire du peuplement, origines des immigrants, causes de l'immigration)
2. Parler des peuples autochtones, en tant que premiers arrivés, et de leurs rapports avec les Européens
3. Parler du pluralisme ethnique dans le Québec d'aujourd'hui et de l'immigration qui se poursuit
4. Discuter de l'importance du respect des cultures des gens pour mieux vivre ensemble
5. Discuter des conséquences négatives de l'intolérance envers les autres groupes ethniques
6. Discuter du racisme ou de l'exclusion de certains groupes à cause de leurs différences culturelles et religieuses
7. Donner quelques exemples de discrimination fondée sur les différences culturelles
8. Inviter une immigrante ou un immigrant et lui demander de partager avec les jeunes son expérience de vie au Québec
9. Inviter une Québécoise ou un Québécois qui a vécu à l'étranger à venir partager son expérience avec les jeunes
10. Amorcer une discussion sur certains préjugés courants à propos des immigrants:
    - Les immigrants sont des criminels
    - Les immigrants sont des gens qui vivent de l'aide sociale
    - Les immigrants ne respectent pas ceux qui leur offrent une terre d'accueil
    - Les immigrants sont des voleurs d'emplois

PHASE III
Ancrage des concepts en vue d'une intégration cognitive

Activité 1 – 5ᵉ secondaire
Découverte de la diversité ethnique au Canada et au Québec

Former des groupes coopératifs et demander aux élèves de recenser les différents groupes ethniques qui composent la société canadienne et québécoise.

Faire une recherche sur chacun des groupes (estimer la date de leur immigration au Canada, les raisons de leur immigration, leur premier lieu d'établissement).

Présenter les résultats devant la classe en utilisant des affiches, des saynètes ou des bandes dessinées.

Activité 2 – 5ᵉ secondaire
Découverte de la diversité religieuse

Former des groupes coopératifs et demander aux élèves de recenser les grandes religions du monde.

Indiquer, parmi celles-ci, celles qu'on trouve au Canada, au Québec, dans le quartier, dans l'école et dans la classe.

Indiquer les principales similitudes et les différences entre ces religions.

Présenter les résultats de la recherche devant toute la classe.

Activité 3 – 5ᵉ secondaire
Identification des différentes formes de pluralisme social

Former des groupes coopératifs et demander aux élèves de recenser toutes les formes de différenciation entre les humains.

Présenter les résultats de la recherche devant toute la classe et amener les autres élèves à évaluer l'importance de ces différences pour la vie des personnes porteuses de ces différences.

Utiliser des affiches, des bandes dessinées ou des saynètes pour présenter ces résultats.

Suggestions pour approfondir ce thème

Inviter dans la classe une personne vivant avec une différence pour une discussion constructive. La personne pourrait, par exemple expliquer aux jeunes comment ils devraient se comporter face à des personnes vivant avec une déficience motrice, visuelle ou auditive.

Effectuer une recherche sur des groupes sociaux dans lesquels, traditionnellement, les personnes âgées étaient les plus vénérées et les plus influentes de la société.

Aborder la question du génocide juif de la Deuxième Guerre mondiale. Amener les jeunes à comprendre l'horreur de l'obsession de pureté raciale et ses conséquences dramatiques sur les groupes touchés. Par la recension de revues de presse, les jeunes pourraient constater que des crimes contre l'humanité sont encore commis aujourd'hui.

En petits groupes, les élèves effectuent une recherche sur les principales religions du monde et présentent leurs résultats devant la classe. En grands groupes, les élèves déterminent sur quels principes moraux sont fondées ces religions.

Les élèves décrivent sur une feuille ce qu'ils pensent de l'état actuel des rapports homme/femme. Ensuite, l'enseignante ou l'enseignant pourrait présenter, à l'aide de matériel vidéo, certains messages de préjugés et demander aux élèves de les discuter.

Thème 2 – L'égalité dans la diversité

La connaissance de la diversité n'est pas une garantie de l'égalité des individus et des groupes. À travers l'histoire du Canada, de nombreux groupes ont été et sont encore victimes de discrimination, d'exclusion et de racisme. Ces conduites empêchent les groupes affectés d'exercer leur citoyenneté entière et responsable. Il faudra conscientiser les élèves aux concepts d'égalité des citoyennes ou des citoyens dans leur diversité et aux conflits liés à l'absence de cette égalité. On pourra insister sur le fait que dans une société démocratique et pluraliste ces différences constituent une réalité incontournable, que tous les porteurs de ces différences sont des citoyennes et des citoyens égaux ayant des responsabilités dans le projet commun d'édification sociale. La question de l'égalité des citoyennes et des citoyens est primordiale, car on ne peut pas faire une citoyenneté active et responsable sans l'égalité des droits ou l'égalité des chances. L'égalité autorise à toutes et à tous la participation dans l'édification sociale; elle est à la base de l'insertion sociale et devrait commencer à l'école. Celle-ci, en tant que corps social, devrait assurer l'insertion sociale de tous les enfants, indépendamment de leurs différences.

L'égalité dont il est question ici n'est pas un nivellement des citoyennes ou des citoyens. L'histoire de l'humanité est marquée par des gens riches et des gens pauvres, des personnes en santé et des invalides, des adultes et des jeunes, etc. L'égalité appelle le respect de la dignité de chaque être humain, dans ses différences, la reconnaissance de l'appartenance partagée à la société. C'est l'égalité des chances et de participation.

Objectifs généraux du thème

1) Comprendre le principe de l'égalité des citoyennes et des citoyens

2) Comprendre les concepts d'intégration et d'exclusion sociale

3) Repérer les diverses manifestations d'exclusion dans la classe, l'école, le quartier, ou dans la société en général

4) Établir les moyens pour combattre l'exclusion et instaurer l'égalité

Différents sous-thèmes

• Violence physique • Violence verbale • Discrimination • Discrimination sexuelle • Discrimination à cause de l'âge (jeunes, personnes âgées) • Discrimination à cause de la pauvreté • Discrimination à cause de la religion • Discrimination à cause des aptitudes intellectuelles	• Intégration sociale • Ségrégation • Esclavage • Préjugés • Stéréotypes • Inégalités sociales • Exploitation • Exclusion • Racisme • Ethnocentrisme • Xénophobie

Suggestion d'un sous-thème d'activités: l'égalité

Objectifs
1. Comprendre le concept d'égalité entre les humains 2. Reconnaître la présence ou l'absence d'égalité dans la vie de tous les jours 3. Découvrir les diverses formes de discrimination 4. Découvrir et discuter les critères de discrimination des groupes différents 5. Identifier les moyens pour combattre la violence fondée sur le refus des différences et prendre un engagement solide pour promouvoir ces moyens

PHASE I
Exploration du concept d'égalité

En groupes coopératifs, demander aux élèves de définir le concept d'égalité en posant la question: «*À quoi vous fait penser l'égalité entre les humains?*» Les élèves énoncent individuellement les mots ou les expressions qui sont associés au terme *égalité*, puis ils les présentent à leurs camarades du groupe tout en les justifiant. Ensemble, ils retiennent les mots les plus représentatifs produits par chacun d'eux.

Le groupe peut aussi tenter d'établir, parmi les mots retenus, une certaine hiérarchie en commençant par les plus significatifs et représentatifs.

Enfin, chaque groupe, par le biais de son porte-parole, présente à l'ensemble de la classe les mots retenus et leur hiérarchie.

Toute la classe doit à son tour retenir, parmi les mots rapportés par les groupes, ceux qui semblent les plus importants dans la définition de l'égalité. Tout travail de sélection de mots devrait se faire sur une base consensuelle.

Au terme de cette sélection, on obtient les notions les plus caractéristiques de l'égalité selon la représentation qu'en ont les élèves pris globalement.

PHASE II
Intervention pédagogique pour transformer le réseau conceptuel des élèves

À partir de ce travail de définition de l'égalité, l'enseignante ou l'enseignant apporte des éléments de définition pour améliorer le réseau notionnel présenté par les élèves tout en tenant compte des mots qui n'ont pas été retenus au cours des processus de sélection.

L'enseignante ou l'enseignant pourra retrouver ces éléments de définition dans les divers documents juridiques: la *Charte des droits et libertés de la personne du Québec*, la *Charte canadienne des droits et libertés*, la *Déclaration universelle des droits de l'homme*, la *Convention internationale des droits de l'enfant*.

Elle ou il pourra aussi parler d'institutions et d'organisations de lutte contre la discrimination et le racisme.

PHASE III
Ancrage des concepts en vue d'une intégration

Activité 1 – 4ᵉ secondaire
L'exclusion des jeunes dans leurs rapports avec les adultes

Demander aux élèves en groupes coopératifs de faire une petite recherche sur les sujets ci-dessous et d'en faire une présentation pour discussion au groupe/classe. Les élèves choisiront eux-mêmes la formule de présentation.

1. Les élèves doivent observer, dans l'école ou dans la classe, les situations d'égalité ou d'inégalité (discrimination, préjugés, stéréotypes dont ils sont témoins ou victimes).

2. Ils expliquent en quoi ces situations renvoient à l'absence d'égalité.

3. Ils définissent les critères sur lesquels on se base pour exclure les jeunes et discutent de la pertinence de ces critères.

4. Ils montrent les conséquences reliées à ces situations sur la vie des élèves dans l'école et proposent des mesures pour changer ces situations.

Activité 2 – 3ᵉ secondaire
Le sondage sur la discrimination envers les filles
(des situations d'exclusion, des stéréotypes et des préjugés)

1. Les élèves font un sondage pour recueillir les situations d'inégalité qui affectent les jeunes filles dans l'école (exemple de stéréotype: exclusion dans certains jeux).
2. Ils présentent ces situations devant leurs camarades de classe.
3. Ils identifient les critères sur lesquels on se base pour exclure les filles et discutent de leur pertinence.
4. Ils demandent de les discuter pour en trouver les contenus rationnel et irrationnel.
5. Ils doivent demander ensuite à leurs camarades s'il existe d'autres situations de ce genre qui affectent les femmes en général et qui ne sont pas ressorties du sondage et les débattent également.

Activité 3 – 5ᵉ secondaire
L'exclusion vécue par les personnes âgées

Un groupe anime la réflexion et la discussion à partir de la citation suivante: «Les vieillards sont-ils des hommes? À voir la manière dont notre société les traite, il est permis d'en douter…» (Simone de Beauvoir)

1. Les élèves doivent apporter des témoignages sur le vécu de leurs grands-parents ou d'autres personnes âgées dans leur entourage. Ils peuvent aussi se référer à des cas présentés par les médias.
2. Les élèves, guidés par l'enseignante ou l'enseignant, doivent convenir de la façon de traiter les personnes âgées.

Activité 4 – 5ᵉ secondaire
La production d'un dossier de presse sur les groupes ethniques qui ont été victimes de discrimination à travers l'histoire du Canada

1. Demander aux élèves de réaliser une recherche historique en vue d'identifier les différents groupes ethniques qui ont été victimes de discrimination
2. Présenter la recherche en classe, parler brièvement de ces groupes et donner la preuve que ces groupes étaient victimes de discrimination
3. Indiquer les critères sur la base desquels ces groupes ont été exclus et discuter de leur pertinence

Activité 5 – 4ᵉ secondaire
La constitution d'un groupe de défense pour l'égalité des élèves handicapés

1. Un groupe d'élèves élabore une charte de défense de l'égalité des élèves handicapés. Ils choisissent eux-mêmes le domaine dans lequel ils voudraient que cette égalité se réalise (exemple: l'égalité des chances en éducation).
2. Ils présentent, pour discussion, le programme à leurs camarades en tentant de les associer à leur cause:

    - Mise en situation d'un cas de discrimination et des effets néfastes sur la vie de la victime
    - Énumération des moyens matériels et organisationnels qu'ils comptent mettre en œuvre pour combattre les comportements discriminatoires à l'égard des élèves handicapés

> **Suggestions pour approfondir ce thème**
>
> Les élèves peuvent vouloir identifier les domaines dans lesquels les formes d'exclusion se produisent très fréquemment:
> - Sport
> - Marché du travail
> - Spectacles
> - Langage courant (blagues ou propos racistes)

Thème 3 – Les droits et les libertés fondamentales de la personne

Dans une société pluraliste et démocratique, le droit est conçu comme le médiateur des relations en société, il considère tous les citoyens et citoyennes égaux et autorise chacun et chacune à jouir de cette égalité. Les droits de la personne constituent un outil essentiel comme fondement à nos actions et à nos jugements, pour résoudre des conflits sociaux de façon pacifique et pour assurer la cohésion sociale.

Les élèves devraient développer une certaine maîtrise du concept de droits et comprendre que:

❏ les droits humains sont des principes directeurs des relations entre les citoyennes ou les citoyens dans toute société démocratique;

❏ la liberté appelle le respect de la personne humaine, la responsabilité[17];

❏ la liberté est indispensable pour agir et être autonome;

---

17. La liberté appelle la responsabilité, car toute personne libre est responsable de ses actes.

❏ les valeurs démocratiques, la loi, le souci de l'ordre public et du bien-être collectif fixent le cadre et la portée de l'exercice de la liberté.

Aussi, on peut amener les élèves à comprendre que les droits humains, en tant que médiateurs des relations humaines, devraient subordonner tous les particularismes individuels, que les droits de la personne sont essentiels pour le développement de l'être humain, pour la protection contre l'arbitraire du pouvoir, qu'ils constituent un espace vital pour les individus et les groupes et enfin que les droits humains de chacune et de chacun sont limités par ceux des autres[18].

Les activités pourront mettre l'accent sur le droit à la liberté, à la sécurité et à la protection, le droit de manifester sa culture, le droit à la santé, à l'éducation, à un environnement sain, le droit d'être candidat et de voter à l'occasion des élections[19].

Par ailleurs, cette thématique devrait inclure les droits garantis par les États et destinés à protéger et à pérenniser les droits des citoyennes et des citoyens. Les droits de la personne sont énumérés dans les chartes de droits et sont garantis par certaines institutions, qui sont entre autres:

---

18. Si tu as droit à l'intégrité physique, il ne faut pas que quelqu'un ait le droit de te frapper. Si le voisin a droit à la propriété privée, il ne faut pas que quelqu'un d'autre ait le droit d'abîmer ses biens. C'est pourquoi on dit souvent que nos droits s'arrêtent là où commencent ceux des autres.
19. Tel que mentionné précédemment, l'apprentissage des droits ne devrait pas se limiter à des compétences techniques. Les élèves devraient mieux comprendre que le respect des droits des autres constitue le fondement d'une société civile où chacun peut se sentir libre.

❑ les tribunaux pour la protection des droits civils;
❑ le parlement pour la garantie des droits politiques;
❑ les ministères (certains d'entre eux: Éducation, Santé) pour la garantie des droits sociaux, etc.

L'éducation à la citoyenneté devrait donc permettre aux jeunes de savoir qu'il existe des lois (exemples: la *Loi sur la protection de la jeunesse*, la *Loi sur les jeunes contrevenants*) et des institutions destinées à protéger et à pérenniser les droits des citoyennes et des citoyens. Non seulement les élèves devraient connaître ces lois et ces institutions, mais ils devraient aussi comprendre leurs modalités de fonctionnement, non pas pour les reproduire mais pour participer à leur développement. Il s'agit donc ici d'une intériorisation critique du droit et des conduites démocratiques pour vivre ensemble[20].

Objectifs généraux du thème

1) Comprendre les droits et les libertés de la personne

2) Comprendre les limites des droits et des libertés de la personne ainsi que les responsabilités les accompagnant

3) Comprendre le rapport entre la loi, l'autorité, le règlement et la liberté

4) Connaître les institutions de défense, de garantie et de pérennisation des droits et des libertés de la personne

---

20. Il ne s'agit pas de faire le procès du droit, mais de l'améliorer, de le transformer et de l'humaniser davantage.

Différents sous-thèmes

• Les droits civils • Les droits politiques • Les droits économiques et sociaux • Les droits culturels • Le droit à un environnement sain • La liberté d'expression • La liberté d'opinion • La liberté de conscience, de pensée et de religion	• La liberté de réunion et d'association pacifique • Le droit à l'honneur • Le droit à la réputation • Le droit à la propriété privée • Le droit à l'intégrité physique • Le droit à l'égalité • Les droits judiciaires • Les droits collectifs et les droits des peuples

Suggestion d'un sous-thème d'activités: la liberté

Objectifs

1. Comprendre le concept de liberté

2. Identifier les différentes formes d'absence de liberté (esclavage, soumission)

3. Découvrir les limites de la liberté

4. Découvrir le rapport entre la liberté, la loi et l'autorité

5. Reconnaître les domaines et les lieux réservés aux élèves pour l'exercice de leur liberté dans l'école, dans le quartier et même dans la famille

6. Proposer des moyens pour renforcer l'exercice de la liberté dans l'école

PHASE I
Exploration du concept de liberté

Former des groupes coopératifs et demander aux élèves de définir la liberté en indiquant, entre autres:
1. Les différentes formes de liberté
2. Les synonymes ou les antonymes du mot *liberté*
3. Les limites à l'exercice de la liberté
4. Les situations où il y a absence de liberté

Comme dans les activités précédentes, chaque élève trouve des mots ou des expressions associés à la liberté conformément aux quatre points ci-dessus.

Elle ou il les présente ensuite à ses coéquipières ou ses coéquipiers tout en les justifiant. Lorsque chaque membre du groupe a terminé de présenter sa production individuelle, tous les membres du groupe doivent s'entendre sur les mots, les expressions ou les situations à retenir pour la séance plénière.

PHASE II
Intervention pédagogique pour transformer le réseau conceptuel des élèves

L'enseignante ou l'enseignant apporte des informations précises qui permettent aux élèves de réfléchir de façon approfondie sur le sens de la liberté.

1. Parler des conceptions de liberté absolue et de liberté relative
2. Montrer que la citoyenne ou le citoyen arrive dans une société qui est déjà structurée par des lois, une morale, une conception du rapport aux autres et par diverses autres balises
3. Montrer que la liberté consiste, pour l'individu, à se trouver un chemin à travers les contraintes de la structure sociale, qu'elle n'est pas libertinage, absence de contraintes ou autorisation de faire tout ce qu'on veut
4. Donner des informations sur quelques structures destinées à protéger la liberté des citoyennes et des citoyens

PHASE III
Ancrage des concepts en vue d'une intégration

Activité 1 – 5ᵉ secondaire
La liberté d'expression

1. Choisir un ou des articles de journaux qui paraissent aller au-delà de ce qu'autorise la liberté de la presse
2. Identifier les arguments en faveur de l'article (il a le droit d'écrire ça) et d'autres qui sont défavorables à l'article (il n'a pas le droit d'écrire ça)
3. Présenter ces arguments à toute la classe sans prendre position (pour ou contre)
4. Demander aux camarades de discuter ces arguments (les élèves doivent chaque fois dire pourquoi ils sont pour ou pourquoi ils sont contre)
5. Dégager un consensus (si cela n'est pas possible, procéder par vote)
6. Faire la synthèse de la discussion devant toute la classe (exemple: dans le cas d'un ou plusieurs articles présentés, tel pourcentage des élèves de la classe pense que l'auteure ou l'auteur avait ou n'avait pas le droit d'écrire que...)

Activité 2 – 4ᵉ et 5ᵉ secondaire
Nos lieux de liberté

1. Recenser les différents lieux de liberté d'expression qui sont offerts aux élèves dans toute l'école
2. Analyser leur mode de fonctionnement et en faire une évaluation
3. Présenter pour discussion à toute la classe
4. Demander aux autres élèves quels sont les domaines ou les lieux existants qui ne sont pas pertinents et quels sont les autres qui seraient indispensables pour l'exercice de la liberté mais qui n'existent pas dans l'école
5. Établir un canevas de négociation avec les responsables de l'école en vue de créer ces lieux

---

Suggestions pour approfondir ce thème

Ouvrir une discussion sur l'énoncé suivant: «Ma liberté s'arrête là où commence celle des autres».

Par petits groupes, effectuer une recherche sur des événements historiques au sein desquels des individus ou des groupes se sont battus pour avoir la liberté; justifier le bien-fondé de ces luttes

Par petits groupes, effectuer une recherche sur des décisions politiques qui ont privé de liberté des individus ou des groupes

Thème 4 – La démocratie participative

L'éducation à la citoyenneté devrait tenir compte de la dimension politique de la citoyenneté, soit la participation des élèves à la vie de l'école et de la classe, car la citoyenneté se vit et se construit par l'action. L'élève doit être reconnu sujet de droit. Il ou elle peut ainsi exprimer ses idées, ses opinions, manifester son consentement ou son désaccord, participer pleinement à la définition des règles du jeu. On ne saurait apprendre la citoyenneté démocratique que dans un cadre démocratique. Cela signifie que la participation doit être encouragée, que les opinions doivent être ouvertement exprimées et discutées, que la liberté d'expression soit garantie aux élèves et qu'ils et elles se sentent stimulés et interpellés. Il serait utopique de croire que les jeunes vont devenir des citoyennes et des citoyens actifs et responsables s'ils n'ont pas été préalablement initiés aux compétences et aux responsabilités que cela requiert. Donc, pour former des citoyennes et des citoyens libres et autonomes, il faut leur donner la parole sur tout ce qui les concerne, il faut que leur participation se traduise dans les actions, les objectifs, les approches pédagogiques et les relations maître-élève. La participation des jeunes exige des conditions minimales. Il faut que les jeunes:

- comprennent les buts visés par les choix qu'on leur soumet;
- sachent qui a pris la décision en ce qui concerne leur participation;
- aient la certitude que leur rôle dans les choix qui les concernent a un sens et qu'il n'est pas simplement figuratif;

❏ soient d'accord pour participer et pour apporter leur collaboration une fois qu'ils ont reçu l'information nécessaire.

La participation des élèves n'est pas une remise en cause de l'autorité des adultes. Les éducateurs et les éducatrices ont un rôle d'autorité qu'ils tiennent des parents des élèves, de la *Loi sur l'Instruction publique* et des législations de l'école. Ils ont la responsabilité d'aider les élèves à atteindre les objectifs d'apprentissage. Toutefois, ce rapport d'autorité n'exclut nullement le rapport d'égalité dans les interactions maître-élève. C'est un rapport d'égalité et de liberté, car la liberté ne peut résulter que d'une réglementation qui, tout en définissant ses limites, garantit cette liberté.

Ce thème a pour objectifs de permettre aux élèves: 1) de découvrir et de saisir l'existence des valeurs et des principes de la démocratie, leur signification concrète et leur usage dans la réalité; 2) de connaître et de comprendre le système d'élection des représentantes et des représentants et son importance dans une société démocratique; 3) de comprendre les mécanismes d'une élection; 4) de s'entraîner au respect des principes de la démocratie; et enfin 5) de participer à l'organisation et au façonnement des institutions. L'école doit donner aux élèves l'accès à la parole car un citoyen ou une citoyenne, c'est celui ou celle qui participe à l'histoire des idées, qui donne son point de vue sur toute décision le ou la concernant.

Dans ce but, l'école devrait donc prévoir des outils, des instances de participation pour permettre aux élèves de s'initier, de se construire des règles de vie sociale et politique, de maîtriser les règles du débat public, du choix des représentantes ou des représentants et de la représentativité démocratique. Les instances pourraient prendre la forme de forums où des sujets d'intérêt collectif (concernant la vie du groupe, de la classe, de l'école, de la famille, du quartier, etc.) seraient débattus. Nous pensons que, dès l'école, les jeunes devraient être initiés et sensibilisés au système de représentation, qu'ils et elles devraient pouvoir élire leurs représentantes et leurs représentants aux différentes instances de décision en tenant compte de leur âge et de leur développement. Pour que la participation soit réelle et effective, les élèves devraient être considérés comme partenaires à part entière des adultes. Ainsi, selon Marzouk *et al.* (1997):

> [...] dans les cas où il y a des représentants des élèves, ceux-ci doivent être formés et informés pour mieux représenter leurs camarades, pour exercer une citoyenneté active, responsable, consciente. Le système de représentation conçu pour fins d'entraînement à l'exercice de la citoyenneté évacue donc toute idée de pure façade.

Il s'agit là d'une condition *sine qua non* de l'apprentissage de la citoyenneté car, maintient Azdouz (1998): «Il est bien connu que les jeunes sont plus attentifs à nos actions qu'à nos discours [...] ils seront davantage influencés par la manière dont nous vivons notre propre rapport à la démocratie» (p. 8).

Objectifs généraux du thème

1) Comprendre la nécessité de la participation politique en tant que fondement de la démocratie
2) Découvrir et comprendre les modalités de la participation politique

3) Développer le goût, la volonté et l'aptitude des élèves à s'impliquer dans les décisions qui ont une incidence sur la vie scolaire

Différents sous-thèmes

• Délégation de pouvoir • Élections (fédérales, provinciales, municipales, scolaires) • Représentantes et représentants (élus) • Consultation populaire • Conseil d'établissement • Comité de parents • Conseillers municipaux • Députées et députés • Majorité des voix • Bulletin de vote	• Démocratie parlementaire • Représentation d'élèves • Participation à la vie de l'école, de la classe, du quartier, de la famille • Bénévolat • Organismes communautaires • Suffrage universel • Scrutin secret • Vote à main levée • *Code Morin*

Suggestion d'un sous-thème d'activités: la participation politique

Objectifs

1. Définir le concept de participation et identifier les diverses modalités de participation des citoyennes et des citoyens

2. Découvrir les processus de participation politique des élèves dans l'école

3. Identifier les modes de participation les plus appropriés pour les élèves dans l'école

> **PHASE I**
> *Exploration du concept de participation*
>
> En petits groupes coopératifs, demander aux élèves d'explorer le concept de participation politique en posant la question: «À quoi vous fait penser la *participation politique?*»
>
> Identification des termes associés à la participation politique. Chaque élève énumère des mots qu'il associe à la participation politique. Il les présente à ses coéquipières et coéquipiers et il explique et justifie pourquoi il les associe à la participation politique. Lorsque tous les membres du groupe ont présenté leurs termes, de façon consensuelle, le groupe identifie les termes les plus pertinents à retenir.
>
> Chaque groupe, par le biais de son représentant ou de sa représentante, présente et justifie les termes retenus pour la définition de la participation politique. En grand groupe, c'est-à-dire toute la classe, à partir des termes évoqués et rapportés par tous les groupes coopératifs, les élèves tentent de s'entendre sur les termes les plus pertinents pour la définition de la participation politique.

PHASE II
Intervention pédagogique pour transformer le réseau conceptuel des élèves

Présenter aux élèves les fondements de la participation politique dans les sociétés démocratiques

Décrire les élections fédérales, provinciales, municipales et scolaires et les pouvoirs des représentantes et des représentants

Décrire les pouvoirs des représentantes et des représentants du peuple dans deux pays aux systèmes démocratiques différents

Décrire comment se font les élections des représentantes et des représentants des élèves aux instances de l'école ou de la classe et leurs pouvoirs

PHASE III
Ancrage des concepts en vue d'une intégration
Activité 1 – 5ᵉ secondaire
L'élection d'une représentante ou d'un représentant de classe

Organiser des élections en classe

Suivre le processus traditionnel de mise en candidature, d'investiture, de campagne électorale et d'élection, d'impression des bulletins de vote

Les candidates et les candidats aux élections devraient présenter leurs programmes électoraux. Les élèves devraient, en groupes coopératifs, tenter de discuter et d'évaluer la pertinence des offres des différents candidats et candidates par rapport aux besoins de leur communauté (classe ou école) ainsi que par rapport à leurs possibilités de concrétisation

Planifier le jour des élections: vote, dépouillement des bulletins de vote et proclamation du vainqueur

Demander au vainqueur de prononcer un discours dans lequel il remercie ses électeurs et ses électrices tout en s'engageant à représenter les intérêts de toute la population

Demander aux élèves de commenter et d'évaluer leur expérience électorale. Les élèves devront tenter de mettre en évidence les éléments de la procédure qui ont favorisé l'expression éclairée de leur vote. Elles et ils devront se prononcer sur l'éthique et la moralité des procédures d'élection et, le cas échéant, proposer des améliorations.

Activité 2 – 1ᵉʳ, 2ᵉ, 3ᵉ, 4ᵉ et 5ᵉ secondaire
L'indiscipline: un fléau pour notre classe

En petits groupes coopératifs, les élèves identifient quelques problèmes de discipline qui se posent dans la classe. La réflexion en petits groupes a pour but de préparer le débat sur les problèmes identifiés.

Devant toute la classe, chaque groupe présente les problèmes identifiés en essayant de les délimiter davantage.

Toute la classe discute de ces problèmes de discipline et montre comment la persistance de ces problèmes peut nuire aux apprentissages et à l'enseignement. Aussi, les élèves pourraient s'entendre sur la définition réelle d'un problème de discipline et sur l'étendue des problèmes identifiés (individuel ou collectif). Enfin, les élèves conviendraient des moyens à mettre en œuvre pour résoudre ces problèmes tout en respectant la dignité des camarades en cause. Les recommandations devraient être écrites et mises à la disposition de chacun.

Suggestions pour approfondir ce thème

L'enseignante ou l'enseignant peut demander aux élèves de discuter en groupes coopératifs des raisons qui déterminent leur choix de candidate ou de candidat. Cependant, dans la mesure où cela pourrait violer le secret du vote, l'enseignante ou l'enseignant pourrait organiser un sondage dont les informations seraient: «Je connaissais la candidate ou le candidat et les idées politiques qu'elle ou il tente de promouvoir, j'ai voté pour elle ou pour lui à cause de...» (Discuter des résultats du sondage).

L'enseignante ou l'enseignant peut proposer un débat sur le sujet suivant: «De nombreux citoyens et citoyennes ne vont plus voter pour leurs représentantes et leurs représentants.»

- Pourquoi en est-il ainsi dans notre société?
- Pourquoi laissons-nous d'autres décider à notre place?
- Quelles sont les conséquences de ce manque de participation aux élections, consultations ou référendums?
- Que peut-on changer pour améliorer la participation politique?

L'enseignante ou l'enseignant peut proposer un débat sur la couverture médiatique des campagnes électorales.

L'enseignante ou l'enseignant peut proposer un débat sur la participation des citoyennes et des citoyens dans des activités bénévoles, des comités de quartier ou des comités d'école.

Thème 5 – *Les valeurs civiques*

Les droits individuels occupent une place importante dans le projet de promotion de la citoyenneté. Cependant, comme nous l'avons mentionné dans le document d'orientation (Marzouk *et al.*, 1996), ces droits n'ont de sens qu'à l'intérieur de la société. C'est par rapport à la communauté qu'ils trouvent leur portée et leur application. Certaines valeurs deviennent dès lors incontournables quand on envisage la citoyenneté. Des valeurs civiques telles que la solidarité, la coopération, le respect d'autrui, le respect de soi, le respect de l'environnement, le bon voisinage, la justice, pour ne citer que celles-là, viennent compléter le statut de citoyenne et de citoyen. Chacune de ces valeurs en appelle d'autres. La justice suppose l'équité, la liberté implique la responsabilité et la solidarité entraîne l'engagement. Les élèves devraient donc comprendre que leur appartenance à la collectivité exige certaines conduites qui contribuent à l'intérêt commun, que leurs droits sont inséparables de leurs devoirs envers la communauté.

Objectifs généraux du thème

1) Développer chez les élèves le sens des valeurs civiques attendues d'un bon citoyen ou d'une bonne citoyenne
2) Comprendre la pertinence de ces valeurs pour le développement de la cohésion sociale

Différents sous-thèmes

• Solidarité • Coopération • Partage • Justice • Générosité • Fraternité • Bon voisinage • Non-violence	• Respect, protection de l'environnement • Entraide • Équité • Civisme • Ouverture aux autres • Acceptation des autres

Suggestion d'un sous-thème d'activités : la solidarité

Objectifs

1. Comprendre le sens de la solidarité entre citoyens et citoyennes

2. Découvrir les gestes de solidarité dans leur milieu de vie

3. Découvrir les enjeux qui motivent les citoyennes et les citoyens à développer la solidarité dans leur milieu de vie

4. Comprendre le rôle de la solidarité dans le maintien de la cohésion sociale, dans le développement et la réalisation de projets d'intérêt collectif

PHASE I
Exploration du concept de solidarité

Former des groupes de coopération et demander à chaque groupe de définir les notions essentielles de la solidarité en posant la question: «À quoi vous fait penser le terme *solidarité?*»

1. Production de termes associés au concept de solidarité. Dans leurs groupes respectifs, les élèves évoquent d'abord, individuellement, quelques mots associés au terme *solidarité*.

2. Mise en commun des évocations. Chaque élève doit présenter la liste des mots évoqués, expliquer et justifier pourquoi chacun d'eux lui fait penser au terme *solidarité*.

3. Discussion et atteinte d'un consensus sur les termes à retenir. Le groupe analyse les mots évoqués et les justifications qui ont été données et retient de façon consensuelle ceux qui semblent les plus représentatifs du concept de solidarité.

4. Rapport devant la classe. Le ou la secrétaire de chaque équipe présente le résultat de son travail.

5. Discussion en classe et atteinte d'un consensus sur les termes à retenir. Pour terminer l'exploration, l'enseignante ou l'enseignant demande à la classe d'indiquer parmi les mots rapportés par tous les groupes ceux qui réfèrent le mieux à la solidarité.

PHASE II
Intervention pédagogique pour transformer le réseau conceptuel des élèves

1. Donner la définition de solidarité entre les humains
2. Expliquer la nécessité de vivre en groupe pour survivre (vulgariser le concept d'Aristote selon lequel pour survivre à l'état de nature les hommes s'unissent dans la Cité par la mise en commun de leurs intérêts)
3. Faire venir un conférencier pour parler de l'action et de l'histoire des organisations de solidarité (locale, régionale, nationale ou internationale)
4. Visiter un organisme de solidarité
5. Visionner un film sur les activités de solidarité

PHASE III
Ancrage des concepts en vue d'une intégration

Activité 1 – 4ᵉ et 5ᵉ secondaire
L'identification, dans le milieu, des projets de solidarité

En groupes coopératifs, les élèves identifient les projets ou les organisations de solidarité: 1) sur le plan local; et 2) sur le plan international. Ils ou elles font ensuite une entrevue avec une ou des personnes responsables. Les jeunes préparent, avec l'aide de l'enseignante ou de l'enseignant, les questions d'entrevue et tentent de recueillir les informations sur les motivations de ces personnes et comment fonctionnent leurs projets. Enfin, ils ou elles présentent devant l'ensemble de la classe les résultats de l'entrevue qui a été réalisée. Le groupe devrait chaque fois se positionner quant à la pertinence et au caractère démocratique des organisations étudiées et insister à la fois sur les points forts et les points faibles des actions étudiées.

L'application pédagogique

Activité 2 – 3ᵉ, 4ᵉ, 5ᵉ et 6ᵉ primaire
L'élaboration de projets de solidarité

Demander aux élèves d'élaborer des projets de solidarité à réaliser: 1) dans leur école; et 2) dans leur quartier. Discuter ces projets devant toute la classe en tentant de les faire accepter. Au terme de la discussion, les élèves devraient retenir quelques-uns des projets proposés pour les réaliser au cours de l'année et déterminer les modalités de gestion.

Activité 3 – 3ᵉ, 4ᵉ, 5ᵉ et 6ᵉ primaire
L'analyse documentaire

Lecture du texte «Des oies» et réflexion.

Analyse du contenu d'un texte (identifier les éléments du texte qui ont rapport à la solidarité et indiquer comment l'exemple des oies peut s'appliquer en classe, dans l'école ou dans le quartier).

Lorsque les oies volent en formation, elles vont environ 70 % plus vite que lorsqu'elles volent seules. Les oies partagent la direction. Lorsque la meneuse se fatigue, elle reprend sa place dans le «V» et une autre prend la tête. Les oies tiennent compagnie à celles qui tombent. Lorsqu'une oie malade ou faible doit quitter la formation de vol, au moins une autre oie se joint à elle pour l'aider et la protéger. En faisant partie d'une équipe, nous aussi pouvons faire beaucoup plus et beaucoup plus rapidement. Les mots d'encouragement et d'appui (comme les cris de l'oie) contribuent à inspirer et à stimuler ceux qui sont en première ligne, les aidant à soutenir le rythme malgré les tensions et la fatigue quotidiennes. Il y a enfin la compassion et l'altruisme envers ceux qui appartiennent à l'ultime équipe que représente l'humanité. La prochaine fois que vous verrez une formation d'oies, rappelez-vous que c'est à la fois un enrichissement, un défi et un privilège que d'être membre à part entière d'une équipe. (*Source inconnue*)

Activité 4 – 3ᵉ, 4ᵉ, 5ᵉ et 6ᵉ primaire
La solidarité dans notre vie quotidienne

Amener les élèves à réfléchir sur ce qu'ils et elles peuvent faire dans leur vie quotidienne pour être davantage solidaires dans leur entourage:
- À la maison avec les membres de leur famille
- En classe avec les camarades
- Dans le quartier avec les voisins

Choisir, selon une procédure démocratique, quelques élèves pour prendre note des principaux éléments qui ressortent de la discussion et en faire le compte rendu au terme de la discussion.

Suggestions pour approfondir ce thème

- À l'occasion du temps des fêtes, organiser une collecte de jouets pour les enfants défavorisés

- Organiser une chorale et préparer quelques chants de Noël pour faire une animation dans un foyer de personnes âgées

- Organiser une collecte de matériel scolaire pour venir en aide à des enfants d'un pays pauvre

- Organiser une corvée communautaire pour la réfection de lieux publics, d'un parc pour enfants par exemple

Suggestion d'un sous-thème d'activités: le respect de l'environnement

Objectifs

1. Découvrir la signification de l'environnement
2. Comprendre les conséquences des actions des humains sur l'environnement
3. Développer le souci de la sauvegarde de l'environnement
4. Comprendre les responsabilités de chacune et de chacun dans la protection de l'environnement

---

PHASE I
Exploration du concept de l'environnement

Former des groupes de travail coopératifs et poser aux élèves la question: «À quoi vous fait penser le terme *environnement*?»

1. Les élèves identifient individuellement les mots qu'ils associent au terme *environnement*, puis, à tour de rôle, présentent ces mots à leurs coéquipières et coéquipiers tout en justifiant dans quelle mesure ils réfèrent à l'environnement. Les membres du groupe s'entendent sur les mots à retenir (mots plus significatifs). Ces mots seront présentés à toute la classe en séance plénière.

2. Le groupe/classe retient, à partir de la liste des mots présentés par les groupes coopératifs, les mots les plus pertinents pour définir l'environnement. Ces mots peuvent couvrir plusieurs aspects de l'environnement.

PHASE II
Intervention pédagogique pour transformer le réseau conceptuel des élèves

A. À partir et en fonction du réseau conceptuel identifié par le travail des élèves, l'enseignante ou l'enseignant tente de modifier ce réseau et de l'enrichir par:
  1. Une définition plus précise et plus complète de l'environnement
  2. Des explications sur la nécessité de respecter l'environnement
  3. Une insistance sur le fait que la protection de l'environnement est à la fois une responsabilité individuelle et collective
  4. Une présentation d'un film sur les opérations locales de dépollution (nettoyage des rivières, reboisement)
  5. Des exemples sur les conséquences malheureuses du non-respect de l'environnement:
     - la pollution
     - l'impact sur la santé humaine, sur la faune et la flore
     - la surexploitation et l'épuisement des ressources
     - les modes de consommation des sociétés industrielles et la sauvegarde de l'environnement
     - le réchauffement de la planète
     - les émissions radioactives

B. Donner quelques exemples dans l'histoire du Québec et du Canada de problèmes environnementaux liés à l'intervention humaine: inondations du Saguenay, disparition du saumon en amont de l'île d'Orléans, diminution des populations d'orignaux, baleines en voie de disparition, extermination de la tourte*...

* Tourte, n.f. Gros pigeon grégaire autrefois très répandu en Amérique du Nord, dont l'espèce disparut en raison du massacre dont elle a fait l'objet. (*Dictionnaire du français plus*). →

PHASE II *(suite)*
Intervention pédagogique pour transformer le réseau conceptuel des élèves

C. Une visite à un site d'épuration des eaux de la municipalité (fournir aux élèves une grille de prise de notes pour qu'ils soient en mesure de porter attention aux informations jugées les plus pertinentes et surtout qu'ils puissent poursuivre la discussion à leur retour en classe)

PHASE III
Ancrage des concepts en vue d'une intégration
Activité 1 – 3ᵉ, 4ᵉ, 5ᵉ et 6ᵉ primaire
La gestion de l'eau – 3ᵉ secondaire

Avec les mêmes groupes coopératifs ou des groupes différents, demander de faire une recherche sur l'un des sujets ci-dessous. Les élèves peuvent se répartir les tâches suivantes et discuter les situations étudiées:

1. **L'eau utilisée pour se laver.** Prendre un bain et marquer le niveau de l'eau dans la baignoire. Le lendemain, prendre une douche en bouchant la baignoire. Comparer le niveau de l'eau à la marque faite le jour précédent. Déterminer lequel de ces deux moyens de se laver exige une utilisation moins importante d'eau.

2. **Le robinet qui coule.** Placer un récipient gradué sous le robinet qui coule, chronométrer le temps nécessaire à le remplir; calculer pour préciser le gaspillage d'eau en une heure.

3. **L'eau utilisée pour se brosser les dents.** Boucher le lavabo lorsqu'on se brosse les dents et mesurer la quantité d'eau ainsi utilisée. →

Éduquer à la citoyenneté à l'école

> **Activité 1 – 3ᵉ, 4ᵉ, 5ᵉ et 6ᵉ primaire** *(suite)*
> *La gestion de l'eau – 3ᵉ secondaire*
>
> 4. **Les coûts de production de l'eau.** Identifier les sources d'approvisionnement de l'eau que nous consommons et les différentes étapes de sa transformation. Identifier les coûts financés par la collectivité pour rendre cette eau propre à la consommation.
> 5. **L'arrosage des pelouses en été.** Faire une recherche auprès de la municipalité pour connaître le règlement ou les conditions d'arrosage des pelouses par temps de canicule. Identifier les jours de la semaine où il est permis d'arroser les pelouses.
> 6. **Discuter du lavage des voitures avec de l'eau potable.**
>
> Présenter les informations en classe (présentation magistrale, saynètes, présentation affichée, etc.). En séance plénière, les élèves discutent de la meilleure façon de consommer la ressource eau dans un but de protection de l'environnement. Ils et elles se donnent des objectifs à atteindre au cours de l'année.

Activité 2 – 3ᵉ secondaire
La gestion de l'électricité

1. **Production et distribution.** Décrire comment l'électricité est produite. Identifier les sources d'approvisionnement en électricité.

2. **Coût de la consommation d'électricité.** Apporter en classe une facture d'électricité de la Commission scolaire, de l'école ou de la famille (non identifiée).

3. **Appareils économiseurs d'énergie.** Recueillir auprès de la compagnie d'électricité (exemple: Hydro-Québec) les informations sur les appareils d'utilisation courante (les appareils ménagers en particulier) qui consomment moins d'énergie ainsi que d'autres méthodes de gestion permettant de faire des économies d'électricité.

4. **Autres sources d'énergie.** Recenser ces sources et dire en quoi elles diffèrent de l'électricité.

Présenter les informations en classe (présentation magistrale, saynètes, présentation affichée, etc.). En séance plénière, les élèves discutent de la meilleure façon de consommer la ressource électricité dans un but de protection de l'environnement. Ils et elles se donnent des objectifs à atteindre au cours de l'année.

Suggestions pour approfondir ce thème

1. Demander aux élèves de mesurer la quantité d'eau utilisée chaque jour par la famille :
   - Calculer la quantité d'eau nécessaire pour prendre un bain, une douche
   - Calculer la quantité d'eau nécessaire pour faire la vaisselle

2. Demander aux élèves d'observer et de rapporter le nombre de fois qu'ils et elles ont remarqué, dans l'école, des pièces éclairées qui n'étaient pas utilisées

3. Demander aux élèves de faire une recherche sur le film *L'Homme qui plantait des arbres* ou *Le Fleuve aux grandes eaux* de Frédéric Back et de présenter la recherche en classe (visionner le film en classe)

4. Demander aux élèves de faire un recensement des produits de nettoyage utilisés dans leur famille et d'indiquer si ces produits sont biodégradables ou non, quels sont leurs composantes chimiques et leurs effets polluants; quels sont les produits de remplacement moins polluants qui sont déjà sur le marché

5. Implanter à l'école un programme de recyclage du papier

6. Au printemps, organiser une journée de nettoyage d'un parc, d'un terrain vague, des berges d'une rivière ou d'un lac

7. Faire comprendre aux élèves les implications de l'importation de plantes, d'animaux ou d'oiseaux sur l'équilibre écologique d'un continent

8. Par une recherche dans des magazines de vulgarisation scientifique, amener les élèves à comprendre la précarité de l'équilibre écologique et qu'il est de la responsabilité de la citoyenne et du citoyen de le sauvegarder

Suggestion d'un sous-thème d'activités: la justice

Objectifs

1. Définir le concept de justice
2. Comprendre le fonctionnement d'une cour de justice
3. Connaître le système judiciaire

PHASE I
Exploration du concept de justice

Diviser la classe en groupes et demander aux élèves de définir le concept de justice en posant la question: «À quoi vous fait penser le terme *justice*?»

Les élèves produisent des mots associés au terme *justice*. Ils ou elles les discutent en groupe et retiennent les plus pertinents pour définir la justice. Ces mots sont ensuite présentés et discutés par toute la classe. Au terme de la discussion, la classe devrait dégager une définition qui indique la représentation commune de la justice.

PHASE II
Intervention pédagogique pour transformer le réseau conceptuel des élèves

Apporter des informations plus riches sur la justice, sur le système judiciaire relatif à la jeunesse (tribunal civil/ criminel) et sur le Protecteur du citoyen

Mentionner quelques exemples de luttes que des personnes ou des groupes ont menées pour atteindre une plus grande justice

Présenter des cas d'injustice historiquement connus

Inviter une conférencière ou un conférencier (un juge de la Chambre de la Jeunesse) pour expliquer aux élèves comment fonctionne un tribunal

PHASE III
Ancrage des concepts en vue d'une intégration
Activité 1 – 5e et 6e primaire
La protection de la jeunesse vue sur une bande dessinée

Inviter les jeunes, en équipes coopératives, à représenter sur une bande dessinée les différentes étapes du processus de protection de la jeunesse

Activité 2 – 5e et 6e primaire
Les organismes de protection de la jeunesse

Inviter les jeunes, divisés en groupes, à présenter sous forme de théâtre les différents personnages qui interviennent dans la protection de la jeunesse (les jeunes identifient les rôles de chacun des personnages)

> **Activité 3 – 1ᵉʳ, 2ᵉ et 3ᵉ secondaire**
> *Le système judiciaire pour les jeunes au Québec et la Convention des Nations Unies relative aux droits de l'enfant*
>
> Inviter les jeunes, en groupes coopératifs, à comparer les prescriptions de la *Convention des Nations Unies relative aux droits de l'enfant* et le traitement effectif, au Québec, des jeunes qui font face à la justice (présenter les résultats aux autres camarades et discuter pour dégager un consensus sur la construction d'un nouveau système de justice pour les jeunes)

> **Activité 4 – 4ᵉ et 5ᵉ secondaire**
> *La cour de justice chez nous*
>
> Présenter un film sur un procès ou, tout simplement, simuler une situation qui implique un débat de justice (organiser une cour de justice pour juger et défendre les présumés coupables)
>
> Discuter de la procédure de la cour de justice et proposer des améliorations

Conclusion

Dans cette recherche, nous avons tenté, dans une première phase, de circonscrire le concept même de citoyenneté ainsi que les problèmes qui se posent à la citoyenne et au citoyen dans l'exercice de leur citoyenneté. Cette phase était, selon nous, essentielle pour permettre aux utilisatrices et aux utilisateurs de ce guide de mieux comprendre le cadre de référence conceptuelle de l'éducation à la citoyenneté, ses finalités et les habiletés à développer chez les élèves pour qu'ils et elles deviennent des citoyens et des citoyennes conscients et éclairés. Dans une seconde phase, nous avons tenté d'établir les conditions didactiques et pédagogiques pour l'enseignement et l'apprentissage de la citoyenneté. Le recours aux différentes conceptions de l'apprentissage nous a permis de retenir et de proposer un cadre théorique qui, nous l'espérons, devrait répondre aux exigences de l'éducation à la citoyenneté. Ce cadre théorique accorde aux connaissances acquises des élèves une place essentielle comme système de décryptage, d'interprétation et d'intégration des savoirs enseignés et vise l'amélioration du système de pensée des élèves.

Le contenu notionnel de la citoyenneté, les obstacles à son exercice et le cadre théorique approprié à son apprentissage ont finalement permis d'élaborer un modèle théorique suffisamment général pour être utilisé ou adapté à différents paliers d'enseignement. Parmi les diverses approches pédagogiques, nous avons retenu la pédagogie de la coopération, car les objectifs qu'elle poursuit semblent comparables à ceux poursuivis par l'éducation à la citoyenneté. Nous avons enfin suggéré une série d'activités afin d'illustrer la façon dont le modèle proposé pourrait être opératoire.

Ce guide a aussi tenté de préciser le rôle et les responsabilités de chacune et chacun (école, enseignante et enseignant et élève) dans le processus d'éducation à la citoyenneté. L'école, en tant qu'institution sociale désignée pour la formation des citoyennes et des citoyens, est appelée à s'adapter et à adapter les élèves aux changements sociaux, c'est-à-dire à développer chez les élèves la compétence nécessaire à l'exercice de la citoyenneté entière et responsable. L'école devrait, notamment, tout mettre en œuvre pour permettre aux élèves de se reconnaître et de se situer dans et par rapport aux mutations sociales qui affectent l'exercice de la citoyenneté. En ce qui concerne l'intervention pédagogique, les enseignants et enseignants auront pour rôle de découvrir le système de pensée des élèves afin de pouvoir l'alimenter, l'enrichir et l'améliorer. Les interventions pédagogiques devraient être destinées à donner aux élèves l'information la plus objective possible afin qu'ils et elles puissent, de façon éclairée et consciente, construire leur propre citoyenneté. Les concepts enseignés, particulièrement ceux de la démocratie et de la liberté, devraient être flexibles et ouverts pour faire une place au jugement et à la critique et permettre d'intégrer des réalités sociales en perpétuelle mutation. La critique du contenu notionnel de la citoyenneté ne devrait pas consister à en faire le procès, mais à le déconstruire et à le reconstruire pour le rendre plus adapté aux besoins de l'être humain.

Lecture des situations actuelles de la citoyenneté, déconstruction, critique et construction de nouvelles situations: voilà ce que nous avons posé comme le fondement dialectique et participatif de l'éducation à la citoyenneté. L'adoption de cette dialectique est essentielle, car elle permet d'éviter tout dogmatisme dans l'éducation à la citoyenneté.

En ce qui a trait à l'élève, le modèle pédagogique ainsi que ses conditions de mise en application lui accordent une place centrale dans le processus d'apprentissage de la citoyenneté. Étant l'acteur ou l'actrice de l'acte d'apprentissage et de la pratique concrète de la citoyenneté, l'élève devrait disposer d'un environnement éducatif susceptible d'accroître son intervention dans l'éducation à la citoyenneté. Nous avons spécifiquement suggéré des situations didactiques qui suscitent des débats sur les diverses dimensions de la citoyenneté et qui amènent les élèves à apprendre à formuler leurs jugements et leurs arguments, à les justifier et à les défendre. Étant donné le caractère général du modèle proposé, ces situations devraient tenir compte des capacités de développement et d'autonomie des élèves ainsi que de leurs connaissances sur les objets enseignés. Il faudrait que les notions choisies ainsi que leur portée soient ajustées à l'état d'avancement des élèves dans le programme scolaire.

Finalement, nous espérons avoir réussi à clarifier, pour nos lectrices et nos lecteurs, la finalité implicite du projet d'éducation à la citoyenneté, qui serait la recherche d'une société où les conflits sont résolus par le dialogue, seul garant de la paix sociale.

Références

Audigier, F. (1992). *Enseigner la société, transmettre des valeurs: l'initiation juridique dans l'éducation civique*. Paris: Institut national de recherche pédagogique.

Audigier, F. (1996). Une discipline pas comme les autres. Dans *Éduquer à la citoyenneté, Cahiers pédagogiques*, n° 340, p. 25-26.

Audigier, F. (1996). Une possible orientation pour l'éducation civique au collège: l'initiation juridique. Dans *Éduquer à la citoyenneté, Cahiers pédagogiques*, n° 340, p. 60-61.

Azdouz, R. (1998). Quelques repères pour une éducation à la citoyenneté. *Carrefour*, vol. 1, n° 2, p. 8-9.

Barisnikov, K. et Petitpierre, G., éd. (1994). *Vygotsky. Défectologie et Déficience mentale*. Neuchâtel: Delachaux et Niestlé.

Bertrand, Y. et Valois, P. (1982). *Les Options en éducation*. 2ᵉ édition. Québec: Point de vue.

Bertrand, Y. (1990). *Théories contemporaines de l'éducation*. Laval: Les éditions Agence d'Arc Inc., p. 76-87.

Bloom, B.S. (1979). *Caractéristiques individuelles et Apprentissage scolaire*. Paris: Fernand Nathan.

Bureau international de l'éducation (BIE) (1995). L'Éducation à la citoyenneté; quelle éducation pour quelle citoyenneté? *Information et innovation en éducation*.

Conseil supérieur de l'éducation (1971). *L'Activité éducative: rapport annuel 1969/1970*. Québec: Éditeur officiel.

Conseil supérieur de l'éducation (1998). *Éduquer à la citoyenneté*. Rapport annuel 1997-1998 sur l'état et les besoins de l'éducation. Québec: Directeur des communications du Conseil supérieur de l'éducation.

Côté, P., Kabano, J. (sous la direction de) (1995). *Éducation aux droits*. Guide pédagogique et didacticiel *(Éduc aux droits)* pour l'éducation aux droits fondamentaux de l'enfant selon la Convention des Nations unies relative aux droits de l'enfant. Préface de la juge Andrée Ruffo. Université du Québec à Rimouski: Éditions GREME, Département des sciences de l'éducation, monographie n° 43.

Despins, J-P. (1985). Connaître les styles d'apprentissage pour mieux respecter les façons d'apprendre des enfants. *Vie pédagogique*, vol. 39.

Desrochers-Brazeau, A. (1998). *L'Éveil à l'apprentissage. L'Interdisciplinarité.* Cahier d'exercices pour les 3e et 4e années du primaire. Montréal: Les Éditions Logiques.

Dussault, G. et Bégin, Y. (1982). *Sage: un pas vers l'école de demain.* Québec: Presses de l'Université du Québec.

Centre éducatif et culturel inc. (1988). *Dictionnaire du français plus.* Montréal: CEC.

Faure, P. (1979). *Un enseignement personnalisé et communautaire.* Paris: Casterman.

Fortier, G., Lusignan, F. et Goupil, G (1998) *La Créativité et la Coopération dans l'enseignement.* Montréal: Les Éditions Logiques. (Traduit de l'ouvrage: *Creativity and Collaborative Learning* de J.S. Thousand, R.A. Villa et A.I. Neiru.)

Gagné, R.M. (1976). *Les Principes fondamentaux de l'apprentissage: application à l'enseignement.* Montréal: HRW.

Glasser, W. (1996). *L'École qualité. Enseigner n'est pas contraindre.* Montréal: Les Éditions Logiques, 366 p. (Titre original de l'ouvrage: *The Quality School*, Harper Collins Publishers Inc., 1990, 1992.)

Gouvernement du Québec (1997). *Réaffirmer l'école.* Rapport du Groupe de travail sur la réforme du curriculum. Québec: Ministère de l'Éducation.

Gouvernement du Québec. Ministère de l'Éducation (1997). *L'École, tout un programme. Énoncé de politique éducative* 97-0533.

Groulx, P. (1994). Théories de l'apprentissage: notes de cours ENS-700-85. Rimouski: Université du Québec à Rimouski.

Hart, S.N. et Pavlovic, Z. (1991). Children's Right in education: an historical perspective. *School Psychology Review*, vol. 20, n° 3, p. 245-358.

Hébert, Y. (1997). *Citizenship education: Yes, but how? Towards a Pedagogy of Social Participation and Identity Formation.* Communication présentée à l'occasion de la Conférence annuelle de la Canadian Society for the Study of Education, St. John, Terre-Neuve, 11-14 juin.

Références

Hébert, Y., Buteau, D. et Delorme, R. (1998). *Rapports entre apprentissage, identité, communauté, citoyenneté et l'enseignement des sciences humaines favorisant un public scolaire francophone en milieu minoritaire.* Avec Christine Racicot. Commandé par le ministère de l'Éducation de l'Alberta dans le cadre du Protocole de l'Ouest canadien.

Jodelet, D. (1989). Représentations sociales: un domaine en expansion. Dans Jodelet, D. (sous la dir. de), *Les Représentations sociales*. Paris: PUF.

Kymlicka, W. (1992). *Théories récentes sur la citoyenneté.* Ottawa: Multiculturalisme et citoyenneté Canada. N° de cat. Ci86-3/2-6-1992.

Lafleur, M. (sous la direction de) (1998). *Droits devant.* Trousse éducative sur les droits humains destinée aux enseignantes et aux enseignants des élèves de 9 à 15 ans. ERE Éducation.

Legendre, R. (1993). *Dictionnaire actuel de l'éducation*, 2e édition. Montréal: Guérin.

Marzouk, A., Côté, P. et Kabano, J. (1997). *École, Éducation à la citoyenneté et Diversité culturelle*, document d'orientation. UQAR: Département des sciences de l'éducation, monographie n° 49, Éditions GREME.

Meirieu, P. (1992). *L'École mode d'emploi: des méthodes actives à la pédagogie différenciée.* Paris: ESF.

Proulx, J. (1999). *Le Travail en équipe.* Québec: Presses de l'Université du Québec, collection «Formules pédagogiques».

Racicot, C. et Hébert, Y. (1999). *Relationships between Learning, Identity, Community, Citizenship and the Teaching of Social Studies Favourable to a Francophone School Public in a Minority Context. Executive Summary.* Commandé par le Ministère de l'Éducation de l'Alberta dans le cadre du Protocole de l'Ouest canadien.

Richard, M. (1988). Les trois cerveaux dans le processus d'apprentissage. *Vie pédagogique*, vol. 54.

Robidas, G. (1989). *Psychologie de l'apprentissage: un système d'apprentissage-enseignement personnalisé.* Brossard, Québec: Éditions Behaviora.

Scholer, M. (1974). Profil d'apprentissage, instrument privilégié pour l'individualisation et la personnalisation du processus éducatif; dans Scholer, M.; Hill, J.E. Nunney, D.N. Lamay, J.-M. et Lamontagne, C. (1974), *Profil d'apprentissage et enseignement personnalisé d'après Joseph Hill*. Montréal: Ministère de l'Éducation (SGME).

Smith, F. (1979). *La Compréhension et l'apprentissage*. Traduction et adaptation de Alain Vézina. Montréal: HRW.

UNESCO (1996). *L'Éducation: un trésor est caché dedans. Rapport à l'UNESCO de la Commission internationale sur l'éducation pour le vingt et unième siècle*. Paris: Éditions UNESCO.

Villegas, A.M. (1991). *Culturally responsive pedagogy for the 1990s and beyond*. Washington: Office of Educational Research and Improvement.

Vygotsky, L.S. (1985). *Pensée et langage*. Paris: Messidor/ Éd. sociales.

IMPRIMÉ AU CANADA